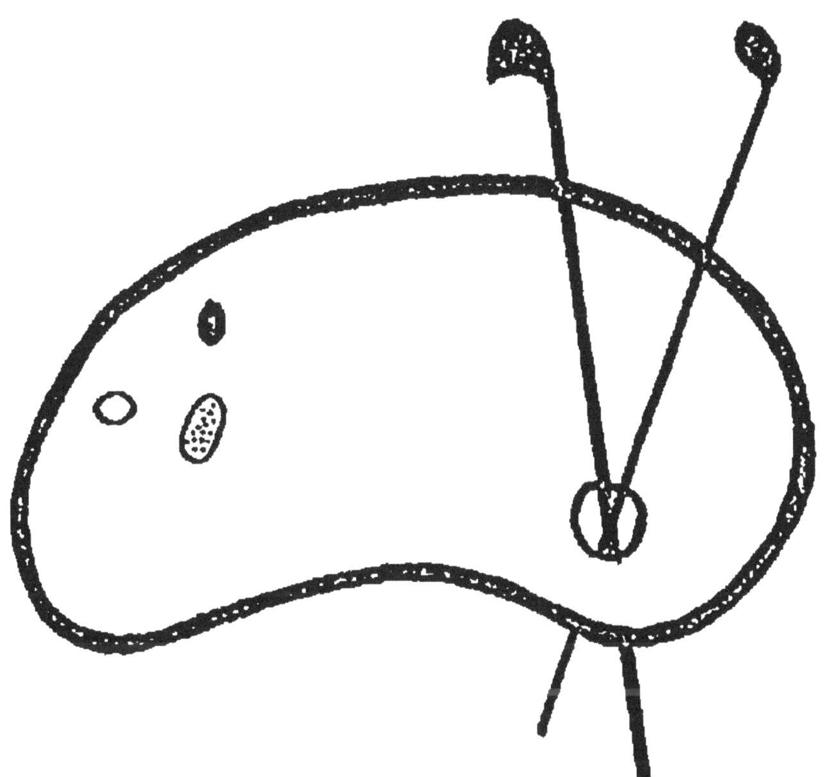

NOUVEAU RECUEIL

DE

SUJETS DE COMPOSITIONS

DE PHYSIQUE ET D'HISTOIRE NATURELLE

DONNÉS AUX EXAMENS DES FACULTÉS DES SCIENCES

AVEC DES MODÈLES DE DÉVELOPPEMENTS

A l'usage des Aspirants au Baccalauréat ès Sciences
restreint pour la partie mathématique

Par FRANÇOIS FRANCK
PROFESSEUR DE MATHÉMATIQUES.

CINQUIÈME ÉDITION
Revue et modifiée

Par M. H. ROUSSEAU
LICENCIÉ ÈS SCIENCES PHYSIQUES.

PARIS.
IMPRIMERIE ET LIBRAIRIE CLASSIQUES
De J. DELALAIN et FILS
RUE DES ÉCOLES, VIS-A-VIS DE LA SORBONNE

COMPOSITIONS

DE PHYSIQUE ET D'HISTOIRE NATURELLE.

Baccalauréat ès Sciences restreint.

On trouve à la même librairie :

Manuel du Baccalauréat ès Sciences, rédigé d'après les programmes officiels des lycées prescrits pour les examens du baccalauréat, par *MM. J. Langlebert,* professeur de sciences physiques et naturelles à Paris, et *E. Catalan,* agrégé de l'Université de France, professeur à l'Université de Liége; 2 gros vol. in-12, divisés en 8 parties, *avec gravures dans le texte et planches gravées.*

Chaque partie se vend séparément pour chaque degré de baccalauréat et pour chaque classe des lycées.

Première Partie, Manuel d'Arithmétique et d'Algèbre, rédigé d'après les programmes officiels, par *M. E. Catalan :* 8e édition; 1 vol. in-12.

Deuxième Partie, Manuel de Géométrie, suivi de notions sur quelques courbes, rédigé d'après les programmes officiels, par *M. E. Catalan :* 8e édition; 1 vol. in-12, *avec* 230 *gravures dans le texte.*

Troisième Partie, Manuel de Trigonométrie rectiligne et de Géométrie descriptive, rédigé d'après les programmes officiels, par *M. E. Catalan :* 8e édition; 1 vol. in-12, *avec* 30 *gravures dans le texte et planches gravées.*

Quatrième Partie, Manuel de Cosmographie, rédigé d'après les programmes officiels, par *M. E. Catalan :* 9e édition; 1 vol. in-12, *avec* 50 *gravures dans le texte et planches gravées.*

Cinquième Partie, Manuel de Mécanique, rédigé d'après les programmes officiels, par *M. E. Catalan :* 10e édition; 1 vol. in-12, *avec* 80 *gravures dans le texte.*

Sixième Partie, Manuel de Physique, rédigé d'après les programmes officiels, par *M. J. Langlebert :* 26e édition; 1 fort vol. in-12, *avec* 292 *gravures dans le texte.*

Septième Partie, Manuel de Chimie, rédigé d'après les programmes officiels, par *M. J. Langlebert :* 26e édition; 1 fort vol. in-12, *avec* 143 *gravures dans le texte.*

Huitième Partie, Manuel d'Histoire Naturelle, rédigé d'après les programmes officiels, par *M. J. Langlebert :* 31e édition; 1 fort vol. in-12, *avec* 490 *gravures dans le texte.*

Pour la Partie littéraire, consulter le *Manuel du Baccalauréat ès Lettres, par MM. E. Lefranc et G. Jeannin.*

NOUVEAU RECUEIL
DE
SUJETS DE COMPOSITIONS
DE PHYSIQUE ET D'HISTOIRE NATURELLE

DONNÉS AUX EXAMENS DES FACULTÉS DES SCIENCES

AVEC DES MODÈLES DE DÉVELOPPEMENTS

A l'usage des Aspirants au Baccalauréat ès Sciences
restreint pour la partie mathématique

Par FRANÇOIS FRANCK

ANCIEN PROFESSEUR DE MATHÉMATIQUES A PARIS

CINQUIÈME EDITION

Revue et modifiée

Par M. H. ROUSSEAU

LICENCIÉ ÈS SCIENCES PHYSIQUES.

PARIS.

IMPRIMERIE ET LIBRAIRIE CLASSIQUES

De J. DELALAIN et FILS

RUE DES ÉCOLES, VIS-A-VIS DE LA SORBONNE.

AVERTISSEMENT.

Il y a aujourd'hui deux diplômes de bachelier ès sciences : le diplôme de bachelier ès sciences complet et le diplôme de bachelier ès sciences restreint. L'un et l'autre s'obtiennent à la suite d'examens qui comprennent deux épreuves, une épreuve écrite et une épreuve orale. Les matières sur lesquelles portent ces deux examens sont déterminées, pour le baccalauréat ès sciences complet, par les programmes suivis dans la classe de mathématiques élémentaires des lycées; pour le baccalauréat ès sciences restreint pour la partie mathématique, par des programmes particuliers fixés par divers arrêtés ou instructions ministériels.

Ce volume a pour but d'être utile aux candidats au baccalauréat ès sciences restreint, qui ont à faire, comme épreuve écrite, une composition sur une question de physique et sur une question d'histoire naturelle. Nous y avons réuni les sujets de composition qui ont été le plus récemment donnés tant à la faculté des sciences de Paris que dans celles des départements.

Il est nécessaire de subir avec succès l'épreuve écrite pour être admis à l'épreuve orale, qui doit compléter l'examen et assurer l'obtention du diplôme. Il importe donc que le candidat se présente avec les meilleures chances de réussir. Son travail et ses études l'y prépareront sans doute; mais il sera d'autant plus sûr de ne pas échouer qu'il se sera auparavant familiarisé avec cette épreuve écrite par des exercices analogues à ceux qui lui seront demandés au jour de l'examen. Aussi les candidats s'exerceront avec avantage sur les sujets contenus dans ce recueil.

Afin de les aider et de les diriger dans leur travail, nous avions mis, à la suite des sujets de composition, la solution développée d'un certain nombre de problèmes, et des indications sur la manière de traiter quelques questions de théorie. Nous avons fait plus dans cette nouvelle édition. Le nombre toujours croissant des examens du baccalauréat ès sciences nous a permis de ne publier que des sujets donnés dans ces examens. Nous avons dû même en faire un choix avec le plus de soin possible, afin d'indiquer aux candidats comme un type de chacune des questions qui peuvent être posées sur les diverses parties de la physique et de l'histoire naturelle. Si, pour l'histoire naturelle, qui comporte seulement des récits ou des exposés, nous avons dû nous borner aux développements de quelques sujets, qui serviront de modèles aux candidats, nous avons pensé que, pour la physique, qui comprend des compositions de théorie et des problèmes, il y avait un autre moyen d'être utile aux aspirants, en ajoutant à chacun des problèmes au moins leur solution numérique; les recherches se trouvent ainsi facilitées, leurs résultats rectifiés. Aussi nous avons divisé les compositions de physique en deux séries : la première relative aux problèmes, la seconde aux théories. A la suite de chaque problème est indiquée la solution numérique; puis, après avoir publié les sujets de théorie, nous avons repris, dans le détail de toutes les opérations qu'ils entraînent, les développements d'un certain nombre de problèmes. Les candidats consulteront avec fruit cette dernière partie de l'ouvrage ; car c'est surtout la solution raisonnée des problèmes de physique qui peut leur offrir quelques difficultés. Le développement des questions de théorie fait principalement appel à l'exercice d'une mémoire fidèle, et, pour être en état de produire à cet égard une bonne composition, digne de leur assurer l'admission à l'épreuve orale, les candidats trouvent la meilleure préparation, pour l'histoire naturelle comme pour la physique, dans l'étude attentive des leçons qu'ils reçoivent ou des ouvrages estimés qu'ils ont entre les mains. Enfin, nous ferons remarquer que nous avons eu le soin de classer les sujets par ordre de matière, en nous attachant à la marche suivie dans les programmes prescrits pour l'examen.

Nous ajouterons ici quelques conseils utiles au candidat, qui doit d'abord se rendre un compte exact du sujet qu'il a à traiter. Sa première tâche, en effet, consiste à saisir nettement la portée de ce sujet, à en déterminer les limites. Il faut qu'il distingue quels sont les principes qui servent de base à la théorie dont on lui demande le développement ; et comme la théorie est la réunion, en corps de doctrine, de certaines propositions ou de certains faits qui établissent la vérité physique, il faut qu'il sache discerner, parmi ces propositions ou ces faits, ceux qu'il doit seulement citer et ceux qu'il doit démontrer.

Supposons que l'on demande d'exposer la théorie de la machine électrique : on citera seulement les principes de l'électricité par influence et par frottement sur lesquels repose cette théorie. On décrira la machine dans son plus grand état de simplicité, et l'on fera voir comment, par le frottement, le plateau se charge d'électricité positive, les coussins d'électricité négative; comment encore l'électricité positive du plateau décompose l'électricité libre du conducteur, etc.

Pour arriver à la solution d'un problème de physique, il faut se pénétrer du sens de l'énoncé, en bien comprendre les conditions, chercher à quelle théorie se rapporte la question à résoudre, et voir quels sont les principes ou les formules qui peuvent être employés.

Dans les questions d'histoire naturelle, il faut surtout avoir recours aux souvenirs de ses rédactions ou des auteurs qu'on a suivis. Le style doit toujours être clair, concis, sans ces développements oiseux qui rendent une rédaction lourde et souvent incompréhensible.

Nous ne pouvons donner ces préceptes que d'une manière générale : la marche la plus sûre, le moyen le plus efficace pour arriver à savoir traiter une question ou résoudre un problème, c'est de s'y exercer constamment et graduellement.

SUJETS

DE

COMPOSITIONS DE PHYSIQUE

DONNÉS

AUX EXAMENS DU BACCALAURÉAT ÈS SCIENCES

DANS LES FACULTÉS DES SCIENCES DE PARIS ET DES DÉPARTEMENTS.

PREMIÈRE PARTIE.

PROBLÈMES DE PHYSIQUE AVEC LES SOLUTIONS NUMÉRIQUES.

Pesanteur.

1.

Quelle est la longueur d'un pendule faisant une oscillation en 6 secondes, sachant que dans le lieu où il est établi l'intensité de la pesanteur est de 9,8088 ?

Réponse : $l = 28^{m},419^{mm}$.

2.

Combien de temps un mobile lancé de bas en haut dans le vide, avec une vitesse de 100 mètres, emploie-t-il pour revenir à son point de départ ?

Réponse : $20'',4$.

3.

On laisse tomber une pierre au fond d'un puits de mine de 200 mètres de profondeur : on demande, en ayant égard à la vitesse de propagation du son, le temps qui s'écoule entre l'instant où la pierre commence à se mouvoir et le moment où on a entendu le bruit de sa chute.

Réponse : 6'',975.

(Solution développée.)

4.

Dans une machine d'Atwood, les deux masses principales pèsent chacune 240 grammes : quel doit être le poids additionnel pour que l'espace parcouru dans la première seconde soit égal à un décimètre?

Réponse : $x = 9^{gr},970^{mil\ gr}$.

5.

Une masse de plomb et une masse de verre se font équilibre dans l'air aux extrémités d'un fléau de balance dont les bras sont égaux ; l'air est supposé à la température de 0° et à la pression normale de 760 millimètres : on demande le rapport de leurs poids.

Réponse : 1,0002.

Hydrostatique.

6.

L'une des branches d'un siphon est remplie de mercure jusqu'à $0^m,175$, l'autre est remplie d'un liquide jusqu'à $1^m,42$; ces deux colonnes se font équilibre : on demande la densité de ce liquide par rapport au mercure et à l'eau.

Réponse : d par rapport au mercure = 0,123.
— d par rapport à l'eau = 1,675.

(Solution développée.)

7.

Deux vases communiquent entre eux. L'un des vases contient du mercure, l'autre contient un liquide dont la densité est 0,78, la densité de l'eau étant prise pour unité. La hauteur du mercure est de $0^m,15$ au-dessus du plan qui passe par la surface de séparation des deux liquides. Quelle sera la hauteur du second liquide au-dessus de ce même plan ?

Réponse : $x = 2^m,61$.

Principe d'Archimède. Densités.

8.

Un corps pèse dans l'air $7^{gr},55$, dans l'eau $5^{gr},17$, dans un autre liquide $6^{gr},35$: tirer de ces données la densité du corps et celle du liquide par rapport à l'eau.

Réponse : Densité du corps = 3,17.
— Densité du liquide = 0,29.

9.

Une sphère de cuivre pèse 500 grammes dans l'air et 430 grammes dans l'eau : cette sphère est-elle creuse, et quel est dans ce cas le volume de la cavité ? Le poids spécifique du cuivre est 8,8.

Réponse : La sphère est creuse ; le volume de sa cavité est de $13^{cent\,cub},181$.

10.

On demande quelle perte de poids éprouvent par le seul fait de la poussée de l'air 100 kilogrammes de bois dont le poids spécifique rapporté à l'eau est 0,6. Le litre d'air, dans les conditions de l'expérience, pèse 1gr,293.

Réponse : $x = 215^{gr},500$.

11.

Un cylindre de fer de 25 centimètres de hauteur, à la base duquel est soudé un cylindre en platine de même diamètre et de 5 centimètres de hauteur, est plongé dans du mercure : on demande la hauteur de la partie immergée ? La densité du platine est 21,2 ; celle du fer est 7,8 et celle du mercure 13,5.

Réponse : $h = 17^{cent},29$.

12.

La perte de poids d'une petite boule de verre est de $2^{gr},6$ dans l'eau et de $2^{gr},056$ dans l'alcool : en déduire la densité de l'alcool et le volume de la boule.

Réponse : Densité de l'alcool = 0,7907.
— Volume de la boule = $2^{cmc},600$.

13.

On demande quelle perte de poids éprouve par le fait de son immersion dans l'air un corps dont le poids spécifique est 0,9 et le volume 3 litres. La température est 0°, la pression $0^{m},76$, et l'on sait qu'en ces conditions le poids d'un litre d'air est $1^{gr},293$. En ces mêmes conditions de pression et de température, on demande quelle erreur on commet par kilogramme lorsque, sans autre correction, on pèse un corps dont le poids spécifique est 1,2 avec des poids en platine, dont le poids spécifique est 21. Le chiffre marqué sur ces poids indique ce qu'ils pèsent dans le vide.

Réponse : 1° Perte de poids = $3^{gr},879^{mil\ gr}$.
— 2° Erreur commise = $1^{gr},022^{mil\ gr}$.

14.

Calculer le diamètre d'un tube cylindrique capillaire qui, sur une longueur de 30 centimètres, est rempli par $25^{gr},364$ de mercure à 0°.

Réponse : $d = 2^{mm},80$.

15.

Dire le rapport du poids de deux sphères, l'une de platine, l'autre de fer, qu'il faudrait attacher ensemble pour que le système fût en équilibre au milieu du mercure : la densité du platine est 21, celle du fer 7,8 et celle du mercure 13,6.

Réponse : $x = 2,11$.

(Solution développée.)

16.

Quel est le rapport qui doit exister entre le rayon et l'épaisseur d'une sphère creuse de densité 7,8 pour qu'elle flotte au milieu de l'eau ?

Réponse : $\frac{e}{R} = 0,05$.

17.

Un thermomètre rempli de mercure pèse $72^{gr},28$ dans l'air et $58^{gr},45$ dans l'eau : trouver le poids du verre et celui du mercure, sachant que leurs densités respectives à la température de l'expérience sont 2,68 et 13,52.

On négligera la perte de poids du thermomètre dans l'air.

Réponse : Poids du mercure $= 43^{gr},80$.
— Poids du verre $= 28^{gr},48$.

18.

Description et usages des aréomètres à point d'affleurement constant. Application : un aréomètre de Nicholson flottant sur l'eau exige qu'on mette 25 grammes dans la capsule supérieure pour que l'affleurement ait lieu; un corps solide étant placé dans cette capsule, il ne faut plus que $7^{gr},25$ pour produire l'affleurement, et $11^{gr},33$ lorsque le corps solide est placé dans la capsule inférieure : quelle est la densité du corps?

Réponse : $d = 1,30$.

Pression atmosphérique. Baromètres.

19.

Calculer en kilogrammes la pression exercée par l'atmosphère sur un cercle de $0^{m},2$ de rayon, le baromètre marquant 74 centimètres. La densité du mercure égale 13,59.

Réponse : $p = 1263^{kil},752^{gr}582^{mil\,gr}$.

20.

Trouver la valeur numérique de la pression que l'atmosphère exerce sur la surface d'un cercle dont le diamètre est égal à un mètre. On suppose que la pression barométrique égale $0^{m},76$.

Réponse : $h = 8111^{kil},905^{gr}$.

21.

Quel effort faut-il faire pour séparer deux hémisphères de Magdebourg dont le rayon est de 1 décimètre, en supposant que le vide fait intérieurement est parfait et que la pression extérieure est normale ?

Réponse : $x = 1297^{kil},908^{gr}$.

22.

Décrire la construction et les usages du baromètre. Baromètre de Fortin. Calculer en grammes la pression moyenne de l'atmosphère sur un décimètre carré.

Réponse : $p = 103^{kil},360^{gr}$.

23.

Un baromètre, assez large pour que l'influence capillaire soit nulle, marque 0,77 ; la température est 20°. Quelle est la pression vraie ? L'échelle est en laiton ; le coefficient de la dilatation cubique du mercure est $\frac{1}{5550}$, celui du laiton est $\frac{1}{18000}$

Réponse : $Ho = 76^{cent},75$.

(Solution développée.)

24.

Un baromètre à siphon a des tubes dont l'un a 8 millimètres de diamètre et l'autre 24 millimètres ; le zéro est placé au niveau du mercure dans la large et courte branche quand la pression extérieure est $0^m,76$. On demande quelle sera la pression extérieure si le niveau de la branche étroite correspond à 0,733.

Réponse : $h = 730^{mm}$.

25.

Les deux branches cylindriques d'un baromètre à siphon ont pour diamètre 3 millimètres et 24 millimètres; le zéro de la graduation est, au niveau du mercure dans la branche ouverte, sous la pression normale de 760 millimètres. Lorsque le baromètre indique une pression de 735 millimètres, quelle est la variation de niveau dans la cuvette latérale et quelle sera la pression atmosphérique réelle? On suppose que le mercure est resté à 0°.

Réponse : Variation de niveau $= 0^{mm},4$; $h = 734^{mm},6$.

Force élastique des gaz. Loi de Mariotte. Machine pneumatique.

26.

La petite branche d'un tube de Mariotte renferme un volume d'air sec de 10 centimètres cubes sous la pression actuelle de 0,760 : quels seront, à 0,01 de centimètre près, le volume et la force élastique quand on aura versé par l'ouverture de la longue branche 76 centimètres de mercure? On suppose les deux branches verticales cylindriques et de même diamètre ; chaque centimètre cube y occupe une longueur de 1 centimètre.

Réponse : $v = 5^{cc},33$; $h = 141^{mm},34$.

27.

Dans un tube cylindrique, de l'air occupe 50 centimètres cubes au-dessus du niveau d'une colonne de mercure de 30 centimètres ; on introduit à travers le mercure une certaine quantité de gaz : le mélange occupe alors 52 centimètres, et la hauteur du mercure n'est plus que de 28 centimètres. On demande quel est le volume du gaz introduit, mesuré sous la pression extérieure de 0,760 millimètres.

Réponse : $v = 2^{cc},578^{mmc}$.

28.

On demande quelle différence il y a entre le poids de 10 litres d'air sec à 10° et à la pression de 0,76 et celui de 10 litres d'air également sec à 15° et à la pression de 0,75.

Le litre d'air sec à 0° et à $0^{m},76$ pèse $1^{gr},293$, et le coefficient de dilatation des gaz est 0,00367.

Réponse : Différence $= 0^{gr},378$.

29.

Quelle est la force ascensionnelle d'un ballon supposé sphérique dont le diamètre est 15 mètres? il est fait avec du taffetas imperméable pesant $0^{gr},3$ par mètre carré, et il est gonflé avec du gaz de l'éclairage de densité 0,5.

Réponse : $x = 8^{kil},291^{gr}$.

30.

Le récipient d'une machine pneumatique est rempli d'air à la pression $0^{m},76$; son volume est 12 litres; celui de chaque corps de pompe est de $1^{lit},5$: combien faudra-t-il de coups de piston pour ramener l'air à la pression $0^{m},003$?

Réponse : $x = 24$ et une fraction.

31.

La capacité d'un corps de pompe d'une machine pneumatique est les 3/8 de celle du récipient : calculer la force élastique de l'air du récipient après 10 coups de piston ; la pression initiale est de 760 millimètres.

Réponse : $h = 31^{mm},46$.

(Solution développée.)

32.

Dans un récipient de 3 litres on fait entrer : 1° 2 litres d'hydrogène soumis primitivement à la pression de 3 atmosphères ; 2° 4 litres d'acide carbonique à la pression de 5 atmosphères ; 3° 3 litres d'azote à la pression de $\frac{1}{2}$ atmosphère : on demande la pression finale du mélange, la température restant invariable pendant l'opération.

Réponse : $h = 6^{m},99^{cent\,m}$.

Thermomètres. Dilatations.

33.

Réduire en degrés du thermomètre centigrade 87° du thermomètre Fahrenheit.

Réponse : $x = 30°,55$.

34.

Quelle est à 30° la longueur d'une barre de verre longue de 2 mètres à 10° ?

Le coefficient de dilatation cubique du verre est $\frac{1}{38700}$.

Réponse : longueur à 10° = $2^{m},0003445$.

35.

A quelle température faut-il chauffer une barre de cuivre longue de 1 mètre à 0° pour que sa longueur devienne $1^m,015$?

Le coefficient de dilatation linéaire du cuivre est 0,000017.

Réponse : $t = 882°,353$.

36.

Le coefficient de dilatation linéaire du plomb est $\frac{1}{35100}$: on demande quelle est à 80° la longueur d'une barre de ce métal qui est longue de $1^m,20$ à 10°.

Réponse : $l = 1^m,202392$.

37.

Le poids spécifique du cuivre à 100° est 8,8 ; son coefficient de dilatation linéaire, $\frac{1}{58100}$: on demande quelle sera, à 30°, la longueur d'un paquet de fils de ce métal pesant 15 kilogrammes et ayant, à 10°, une section de 4 millimètres carrés.

Réponse : $l = 424^m,3$.

38.

Une feuille de cuivre carrée a une épaisseur égale à la millième partie de sa longueur ou de sa largeur ; elle pèse 1 kilogramme. On demande quelles sont ses dimensions à 0° et à 100°. La densité du cuivre, à 0°, est 8,8. Le coefficient de la dilatation cubique de ce métal est de $\frac{1}{19400}$.

Réponse : à 100° $485^{mm},2$ et $0^{mm},4852$.
— à 0° $484^{mm},36$ et $0^{mm},48436$.

39.

Une barre métallique a 15 mètres de longueur à la température de 25° centigrades et $14^m,175$ à la température de $8°,5$. On demande le coefficient de la dilatation du métal.

Réponse : $\delta = 0,003636$.

(Solution développée.)

40.

Quel est le volume occupé à 100° par 4 kilogrammes de mercure? La densité du mercure à 0° est 13,596; le coefficient de dilatation du mercure est $\frac{1}{5550}$.

Réponse : $V = 299^{cc},500^{mc}$.

41.

Quel est à 0° le volume d'un ballon de verre qui à 20° est rempli par 2 kilogrammes de mercure? Le coefficient de dilatation du verre est $\frac{1}{38700}$ et celui du mercure $\frac{1}{5550}$.

La densité du mercure est, à 0°, 13,59.

Réponse : $Vo = 0^{dc},147^{cc}$.

42.

Deux cylindres droits à bases circulaires, l'un en cuivre et l'autre en platine, ont des dimensions égales à 20°. Ces dimensions sont, à 20°, le rayon de la base $0^m,1$, la hauteur $0^m,2$. Ceci posé, on demande quelle sera, à 100°, la différence de leurs surfaces totales (bases comprises). On sait que le coefficient de la dilatation linéaire du cuivre est $\frac{1}{58400}$ et celui du platine $\frac{1}{116700}$.

Réponse : *dif* = à 100° $2^{cq},60^{mq}$.

43.

Le poids spécifique du mercure étant 13,59 à 0°, on demande quelle est à 100° le volume de 40 kilogrammes de ce corps. Le coefficient de la dilatation cubique du mercure est $\frac{1}{5550}$.

Réponse : $V = 2^{lit},996^{ml}$.

44.

On demande quel est à 0° le volume intérieur d'une ampoule de verre qui, à 25°, est exactement remplie par 53 grammes de mercure. Le coefficient de dilatation cubique du verre est $\frac{1}{38700}$, celui du mercure $\frac{1}{5550}$; le poids spécifique du mercure à 0° est 13,59.

Réponse : $V = 3^{cc},950^{mc}$.

45.

Une sphère de verre est plongée dans un liquide porté successivement aux températures 0° et 25°; la perte de poids est 60 gr dans le premier cas et 54 dans le second.

Calculer la dilatation totale éprouvée par l'unité de volume du liquide de 0° à 25°; le coefficient de dilatation cubique du verre est de 0,000026.

Réponse : $x = 0,111833$.

46.

Un vase de verre est exactement rempli à la température de 30° par un poids de mercure égal à 6 kilogrammes. On demande quel est le volume de ce vase à 0°, sachant que le poids spécifique du mercure est 13,59 à 0°.

Le coefficient de la dilatation cubique de ce corps égale $\frac{1}{5550}$. Le coefficient de la dilatation cubique du verre est $\frac{1}{38700}$.

Réponse : $V = 443^{cc},500$.

47.

Un ballon de verre contient, à 0°, 3 kilogrammes de mercure et se trouve complétement rempli par ce métal ; on le chauffe à 100° et on demande quel poids de mercure en sort. Le coefficient de dilatation cubique du verre est $\frac{1}{38700}$, celui du mercure $\frac{1}{5550}$; le poids spécifique du mercure est 13,6.

Réponse : $P = 45^{gr}$.

(Solution développée.)

48.

Le volume d'une masse métallique à la température de 10°5 est 5752 centimètres cubes, la densité du métal est 8,24 à 0°, le coefficient de dilatation linéaire est $\frac{1}{1800}$; on élève la température à 24°,6 : on demande de trouver le poids de la différence des volumes.

Réponse : $P = 1^{kg},051^{gr}$.

49.

Le coefficient de dilatation cubique du mercure est $\frac{1}{5550}$, celui du verre $\frac{1}{38700}$; le poids spécifique du mercure à 0° est 13,59. On demande quel est à 0° le volume d'un vase de verre qui peut renfermer 3 kilogrammes de mercure à 30°. Il est entendu que ces trois kilogrammes de mercure remplissent en entier le vase à 30°.

Réponse : $V = 221^{cc}$.

50.

Un tube cylindrique en verre de $0^m,12$ de longueur à 20° contient exactement 4 grammes de mercure à cette température. On demande quel est son diamètre à 0°.

Le coefficient de dilatation cubique du mercure est $\frac{1}{5550}$, celui du verre $\frac{1}{38700}$; la densité du mercure à 0° est 13,59.

Réponse : $d = 1^{mm},77$.

51.

Un ballon de verre est entièrement rempli par 5 kilogrammes de mercure, à la température de 28°. Quelle est la capacité du ballon à la température de 0°? Dilatation absolue du mercure, $\frac{1}{5550}$. Dilatation absolue du verre, $\frac{1}{38700}$.

Réponse : $V = 0^{lit},389^{millilit},469$.

52.

Le mercure qui remplit un tube cylindrique capillaire pèse 3 grammes : quel est le diamètre intérieur de la boule qu'il faut lui souder pour que le tube ait une échelle de 250° centigrades, en supposant le zéro à la base du tube ; dilatation apparente du mercure, $\frac{1}{6500}$.

Réponse : $d = 22^{mm},7$.

Dilatation et densité des gaz.

53.

Un certain volume V d'air sec est à la température t et à la pression H ; on demande la pression nouvelle à la température t' : 1° si le volume du gaz reste le même ; 2° si l'enveloppe renfermant le gaz se dilate en même temps que lui, K étant le coefficient de dilatation de l'enveloppe.

Réponse : 1° $H' = H\left(\frac{1+\alpha t'}{1+\alpha t}\right)$; 2° $H'' = H\left(\frac{(1+\alpha t')(1+Kt)}{(1+\alpha t)(1+Kt')}\right)$

54.

1 mètre cube d'air sous la pression de $0^m,75$ et à la température de 20° est soumis à la pression de 5 atmosphères et refroidi à 0° : on demande quel en sera le volume. Le coefficient de dilatation de l'air est 0,00367.

Réponse : $V = 0^{mc},184$ ou 184 litres.

55.

A quelle température 1 litre d'air sec pèse-t-il 1 gramme sous la pression de $0^m,770$? Le coefficient de la dilatation du gaz est 0,00366. Le poids du litre d'air sec à 0° et sous la pression de 0,760 est de 1 $^{gr},293$.

Réponse : $t = 84°,7$.

56.

On demande quel est à 20°, sous la pression de 0,78, le volume de 2 grammes d'acide carbonique sec. La densité de l'acide carbonique, prise par rapport à l'air, est 1,53. Le poids du litre d'air à 0° et sous la pression de $0^m,76$ est de $1^{gr},293$; le coefficient de dilatation des gaz est 0,00367.

Réponse : $V = 1^{lit},072^{mil}$.

57.

Un ballon renferme $8^{gr},548$ d'air; on le remplit de protoxyde d'azote, dont la densité est 1,52, celle de l'air étant prise pour unité. On demande quel sera le poids de ce gaz : 1° si la pression est la même pour les deux gaz; 2° si la pression est de 0,76 pour l'air et 0,78 pour le protoxyde d'azote. On suppose la température constante.

Réponse : 1° $P = 12^{gr},993$; 2° $P = 13^{gr},335$.

58.

Une masse d'air sec, indéfinie, primitivement à 0° et sous la pression de $0^m,76$, éprouve une élévation de température de 3°,5 : on demande quel changement doit subir la pression pour que le poids du litre reste le même. Le poids du litre d'air normal est 1gr,293 ; le coefficient de dilatation de ce gaz est 0,00367.

Réponse : $x = 0^{m},7612$.

59.

Un litre d'air pèse 1gr,299 à la température de 0° et à la pression de 0m,76. On demande le poids d'un litre de ce fluide à la température de 14° et à la pression de 0m,77.

Réponse : $P = 1^{gr},252$.

(Solution développée.)

60.

Dans un ballon de verre de 250 centimètres cubes on introduit 25 centimètres d'air sec à la pression de 760 millimètres et à 0° ; puis on chauffe le vase à 100°. Quelle est la pression intérieure ? On négligera la dilatation du verre.

Réponse : $x = 103^{mm},892$.

61.

Trouver le poids de 10 litres d'acide carbonique à la température de 20° et sous la pression de 3 atmosphères. On sait que le poids d'un litre d'air à 0° et sous la pression de 0m,76 est de 1gr,293, que l'acide carbonique a pour densité 1,53. Le coefficient de dilatation de ce gaz est 0,00366.

Réponse : $P = 55^{gr},3$.

62.

On demande quelle différence il y a entre le poids d'un litre d'acide carbonique sec à 100° et sous la pression de 0m,76 et celui d'un litre d'air sec à 0° et sous la pression de 0m,76. Le poids d'un litre d'air sec à 0° et sous la pression de 0m,76 est de 1gr,293; le coefficient de dilatation des gaz est 0,00367; la densité de l'acide carbonique, estimée par rapport à celle de l'air prise pour unité, est 1,52.

Réponse : $x = 0^{gr},145^{mgr}$.

63.

A quelle température l'oxygène sous la pression de 0m,20 aurait-il la même densité que l'hydrogène à 0° et sous la pression de 0m,26? La densité de l'oxygène est 1,1056 et celle de l'hydrogène de 0,069.

Réponse : $t = 3084°$.

64.

Dans un vase dont la capacité est de 340 centimètres cubes on introduit : 1° 25 centimètres cubes d'oxygène à 15°; 2° 32 centimètres cubes d'hydrogène à 40°; 3° 60 centimètres cubes d'azote à 60°, et l'on porte le mélange à la température de 40°. Quelle sera la pression finale?

Réponse : En désignant par H la pression initiale des trois gaz, la tension finale sera les $\frac{339}{1000}$ de H.

65.

Exposer les méthodes expérimentales à l'aide desquelles on détermine le coefficient de dilatation des gaz. Le volume d'un gaz permanent étant 1 à la température de 0°, à quelle température aurait-il doublé de volume, la pression restant constante ?

Réponse : $x = 273°$.

66.

Un vase clos renferme de l'air sec à 0° et sous la pression de $0^{m},76$. Quelle sera la pression à la température de 80° ? Calculer en poids l'augmentation de pression pour 1 centimètre carré de surface du vase.

Réponse : Pression $= 982^{mm},2$; poids, $302^{gr},88$.

67.

Un ballon vide pèse $152^{gr},475$; plein d'air, il pèse $168^{gr},386$; plein d'un autre gaz, il pèse $157^{gr},235$. On demande la densité de ce gaz par rapport à celle de l'air prise pour unité, dans le cas où la pression reste invariable. On demande aussi quel genre de correction il faudrait faire si la pression avait été de $0^{m},77$ pendant la pesée de l'air et tombait à $0^{m},74$ pendant la pesée du gaz.

1re Réponse : $\delta = 0,299$; 2e Réponse : $\delta = 0,311$.

68.

On pèse un corps solide dans le vide : on trouve $1543^{gr},25$; il pèse à une certaine température t et sous une pression h 1542^{gr},154 dans l'air et 1541^{gr},237 dans un autre gaz. On demande le rapport entre les densités de ces deux gaz; de plus, en supposant $t=0°$ et $h=760$ millimètres, on demande le volume du corps solide.

Réponse : 1° Rapport = 0,544 ; 2° Volume du corps solide = 847^{cc}

Hygrométrie.

69.

Une couche d'air atmosphérique ayant une hauteur de 1000 mètres et une base de 1 décimètre carré est à demi saturée de vapeur d'eau à 10°. On demande quelle serait l'épaisseur d'une couche d'eau de 1 décimètre carré de base dont le poids serait égal à celui de la vapeur d'eau contenue dans la colonne atmosphérique considérée. La densité de la vapeur d'eau par rapport à l'air est $\frac{5}{8}$. Le poids de 1 litre d'air normal est 1^{gr},293; le coefficient de dilatation des gaz est 0,00367. La tension maxima de la vapeur d'eau à 10° est 0,00916.

Réponse : E = 4^{mm},69.

70.

Un mélange d'air et de vapeur d'eau à la température de 15° et sous la pression de 0^{m},73 occupe un volume de 50 décimètres cubes. Quel sera le volume du même mélange à la température de 30° et sous la pression de 0,780? On supposera dans les deux cas l'air saturé de vapeur. On sait que la tension maxima de la vapeur d'eau aux températures de 15° et 30° est égale à $12^{mm},7$ et à $31^{mm},5$.

Réponse : $V = 50^{lit},416$.

71.

Dans un ballon de la capacité de 2 litres, plein d'air sec à 30° et sous la pression de $0^{m},760$, on introduit 20 milligrammes d'eau. Quel sera l'état hygrométrique lorsque l'eau sera complètement vaporisée ? La tension maxima de la vapeur d'eau à 30° est $0^{m},031$.

Réponse : $E = 0,33677$.

72.

15 litres d'air primitivement à 0° et sous la pression de $0^{m},76$ sont élevés à 30° et se saturent d'humidité à cette température. On demande ce que devient leur volume. La pression reste toujours égale à $0^{m},76$. La tension maxima de la vapeur à 30° est $0^{m},0315$; le coefficient de dilatation des gaz est 0,00367.

Réponse : $V = 17^{lit},37$.

73.

Étant donnés 4 litres, 5 d'un gaz saturé d'humidité à 15° sous la pression de $0^{m},759$, on demande le volume du gaz à 27°, sous la pression de $0^{m},748$, en supposant le gaz desséché.

La tension de la vapeur d'eau à 15° est de $12^{mm},699$ millièmes.

Réponse : $V = 4^{lit},6772$.

74.

Un certain poids d'air saturé de vapeur d'eau à 30° occupe un volume de 20 litres sous la pression de $0^{m},76$; on en abaisse la température jusqu'à 20°, et en même temps on le dessèche partiellement, de telle sorte que son état hygrométrique n'est plus que $\frac{3}{4}$ à cette température. On demande ce qu'est devenu son volume. La pression est restée égale à $0^{m},76$. La tension maxima de la vapeur d'eau à 30° est 0,0315 ; à 20°, elle est 0,0175. Le coefficient de dilatation des gaz est 0,00367.

Réponse : $V = 18^{lit},80^{centilit}$.

75.

La densité de la vapeur d'eau est les $\frac{5}{8}$ de celle de l'air, dans les mêmes conditions de pression et de température : ceci posé, on demande quel volume occupe à 100° et sous la pression de $0^{m},760$ un gramme de vapeur d'eau. Le poids du litre d'air à 0° et sous la pression de $0^{m},760$ est de $1^{gr}293$. Le coefficient de dilatation du gaz est 0,00367.

Réponse : $V = 1^{lit},691^{mil}$.

76.

2 litres d'air à demi saturés d'humidité, à la température de 30°, et primitivement sous la pression de $0^{m},760$, sont soumis, sans changement de température, à une pression de $3^{m},04$. On demande ce que devient leur volume. La tension maxima de la vapeur d'eau à 30° est de $31^{mm},5$.

Réponse : $V = 0^{lit},492$.

77.

La tension maxima de la vapeur d'eau à 20° est 0,0174 ; la densité de cette vapeur est les $\frac{5}{8}$ de celle de l'air, dans les mêmes conditions. Le litre d'air à 0° et sous la pression de $0^{m},760$ pèse $1^{gr},293$. On demande le poids de la vapeur d'eau que contient à 20° un espace cubique de 1200 mètres de côté complétement saturé à cette température. Le coefficient de la dilatation du gaz est 0,00367.

Réponse : $P = 29784913^{k},715$.

78.

Calculer le poids de 10 litres d'air saturé d'humidité à 30° et sous la pression de $0^{m},760$. La force élastique maxima de la vapeur d'eau à 30° est $31^{m},5$.

Réponse : $P = 11^{gr},467^{mi}$.

(Solution développée.)

79.

Un mélange d'air et de vapeur d'eau à demi saturé à 30° occupe un volume de 1 mètre cube à cette température et à la pression de 760. Le mélange dont il s'agit, parfaitement isolé de l'air extérieur, est refroidi à 0° sans que la pression totale change. Quel sera alors son nouveau volume? La tension de la vapeur d'eau est de 0,0315 à 30° et de 0,0046 à 0°. Le coefficient de dilatation des gaz est 0,00367.

Réponse : $V = 0^{mc},887^{dc}$.

(Solution développée.)

80.

Quel est le poids de l'eau contenue à l'état de vapeur dans un mètre cube d'air humide, dont la température est 30° et l'état hygrométrique $0^{m},75$? La force élastique maxima de la vapeur d'eau à 30° est $31^{mm},4$.

Réponse : $P = 22^{gr},442$.

81.

On demande quelle différence il y a entre les poids de vapeur d'eau qui peuvent saturer à 20° et à 10° un espace cubique de 1 kilomètre de côté. La tension maxima de la vapeur d'eau à 20° et à 10° sont respectivement 0,01739 et 0,00916. Le poids du litre d'air normal est $1^{gr},293$. La densité de la vapeur d'eau, prise par rapport à l'air, est $\frac{5}{8}$. Le coefficient de dilatation des gaz est 0,00367.

Réponse : $d = 783^{tr},150$.

82.

Dans 1 mètre cube d'air à 15° on introduit 5 grammes de vapeur d'eau : 1° Quelle sera la tension de la vapeur d'eau dans le mélange? 2° Quel sera le poids de cet air humide, si la force élastique totale est $0^{m},760$?

Réponse : 1° $H = 4^{mm},96$; 2° $P = 1222^{gr},5$.

83.

Dans un ballon de la capacité de 5 litres et plein d'air sec à 20° sous la pression de 750^{mm}, on introduit

25 milligrammes d'eau et on demande quelle sera la pression du mélange gazeux quand l'eau sera vaporisée.

Réponse : $H = 755^{mm},047$.

84.

Le dépôt de rosée sur un hygromètre de condensation s'est toujours fait à la même température de 8° pendant la durée d'une journée ; à 7 heures du matin la température était 16°, à 2 heures 28°, à 6 heures du soir 23° ; on demande quels étaient, à chacune de ces époques, 1° l'état hygrométrique de l'air ; 2° le poids de vapeur contenu dans chaque mètre cube d'air.

Les tensions maxima de la vapeur d'eau sont ;

A 8°, $0^m,008375$;
A 16°, $0^m,013630$;
A 28°, $0^m,027390$;
A 23°, $0^m,020577$.

La densité de la vapeur d'eau rapportée à l'air est $\frac{5}{8}$; le poids du litre d'air à 0° et sous la pression de $0^m,76$ est $1^{gr},293$. La pression atmosphérique a toujours été $0^m,76$. Le coefficient de dilatation des gaz est 0,00367.

Réponse : à 7 h. $E = 15^{gr},65$.
— à 2 h. $E = 86^{gr},66$.
— à 6 h. du soir $E = 105^{gr},50$.

85.

Quel est le degré d'humidité de l'air qui, à 20°, contient 6 grammes de vapeur d'eau par mètre cube ? La force élastique maximum de la vapeur d'eau à 20° est $17^{mm},\frac{4}{10}$.

Réponse : $E = 0,35$.

Calorimétrie.

86.

On mêle $3^{kg},25$ de glace à 0° avec 14 kilogrammes d'eau à 36°. Quelle est la température du mélange?

Réponse : $\theta = 14°,03$.

(Solution développée.)

87.

On plonge 5 kilogrammes de glace à 0° dans un bain de 50 litres d'eau à 16°. Quelle sera la température finale?

Réponse : $\theta = 7°,34$.

88.

Combien faudrait-il de kilogrammes de vapeur d'eau, sous la pression de $0^{m},76$, pour porter un bain de 246 kilogrammes d'eau de 13° à 28°?

On prendra 540 pour la chaleur latente de la vapeur.

Réponse : $x = 6^{kg},029^{gr}$.

89.

On mêle un kilogramme d'eau à 0° avec 1 kilogramme d'un autre liquide à 100° et l'on trouve que la température du mélange est de 3° : on demande quelle est la capacité calorifique de ce dernier liquide comparée à celle de l'eau.

Réponse : $c = 0,0309$.

90.

Quelle est la quantité de vapeur d'eau à 100° qu'il faudrait condenser dans le réfrigérant d'un alambic en cuivre pesant 8 kilogrammes et contenant 25 litres d'eau à 5° pour élever la température à 35°.

Réponse : $x = 1^{kg},2793$.

91.

18 kilogrammes de vapeur d'eau produite sous la pression de $0^m,76$ ont élevé de 11°,5 à 29° une masse d'eau dont le poids est inconnu : on demande ce poids.

Réponse : $P = 628^{kg},457$ en prenant 540 comme chaleur latente de la vapeur d'eau.

92.

On fait arriver 100 grammes de vapeur d'eau a 100° dans 2 kilogrammes d'eau à 0° contenus dans un vase en cuivre du poids de 500 grammes. Quelle sera la température finale du mélange? La chaleur latente de la vapeur d'eau est de 537 calories; la chaleur spécifique du cuivre est 0,095.

Réponse : $\theta = 29°,66$.

93.

On prend 2 kilogrammes d'eau à 27° : on demande combien il faut y introduire de glace à 0° pour ramener la température du mélange à 10°. On opère dans un vase de verre pesant 1 kilogramme dont la chaleur spécifique est 0,18.

Réponse : $P = 0^{kg},416$.

94.

Dans une machine à vapeur, on suppose la vapeur à une température de 140°, l'eau froide injectée à 14° et l'eau du mélange à 38° : quel sera le poids d'eau nécessaire pour condenser 10 kilogrammes de vapeur? On admet que la chaleur latente est constante et égale à 550 calories.

Réponse : $P = 267^{kg},5$.

95.

Mesure des chaleurs spécifiques, des solides et des liquides par la méthode des mélanges.

Application : Une masse de cuivre de 6 kilogrammes sortant d'une étuve dont elle a pris la température est immergée dans un vase de cuivre pesant 460 grammes et renfermant 2 kilogrammes d'eau à 11° ; la température maximum du mélange s'élève à 27°. On demande la température de l'étuve.

La capacité calorifique du cuivre est 0,095.

Réponse : $t = 87°,56$.

96.

La chaleur latente de la vapeur d'eau étant supposée égale à 536, on demande à quelle température on élèvera 20 litres d'eau pure à 4° en y condensant 1 kilogramme de vapeur à 100° sous la pression de $0^{m},76$.

Réponse : $t = 31°,9$.

97.

Combien faut-il de kilogrammes d'eau à 45° pour fondre sans changement de température 8 kilogrammes de glace à 0°?

Réponse : $P = 14^{kr},089^{gr}$.

98.

Comment détermine-t-on la chaleur latente de fusion de la glace?

Quel est le poids de glace à 0° qu'il faut mélanger à 8 kilogrammes d'eau à 22° pour que la température du mélange s'abaisse à 5°?

Réponse : $P = 1^{kr},614$.

99.

Combien faut-il de kilogrammes de glace à 0° pour abaisser à 11°,5 une masse d'eau égale à $43^{kg},5$? Cette masse d'eau à 27°,4 est contenue dans un vase en cuivre du poids de $1^{kg},25$.

La chaleur spécifique du cuivre est 0,095.

Réponse : $x = 7^{kr},642$.

100.

Combien faut-il de kilogrammes d'eau à 45° pour fondre sans changement de température 8 kilogrammes de glace à 0°?

Réponse : $x = 14^{kr},044^{gr}$.

101.

Un vase métallique pesant 3 kilogrammes renferme $32^{kg},5$ d'eau à $14^{\circ},5$. La chaleur spécifique de ce métal est 0,12, celle de l'eau étant l'unité. On met dans l'eau de ce vase $8^{kg},25$ d'un autre métal à $60^{\circ},5$. La température du mélange est $14^{\circ},6$. On demande la chaleur spécifique de ce dernier métal.

Réponse : $c = 0,0086$.

102.

Une masse de cuivre de 5 kilogrammes sortant d'un four, dont elle a pris la température, est immergée dans un vase de cuivre de 350 grammes renfermant deux litres d'eau à $11^{\circ},6$; la température du mélange s'élève à $17^{\circ}8$. On demande la température du four, la capacité calorifique du cuivre étant 0,095.

Réponse : $t = 44^{\circ},34$.

103.

Une masse de fer de 4 kilogrammes sortant d'un four, dont elle a pris la température, est immergée dans un vase de cuivre pesant 892 grammes et renfermant 2 kilogrammes d'eau à 8°; la température du mélange s'élève à $11^{\circ},6$: on demande la température du four ; la capacité calorifique du cuivre est 0,095, celle du fer 0,114.

Réponse : $t = 28^{\circ},06$.

104.

Un morceau de fer pesant 870 grammes est recouvert d'une couche de glace à 0° ; on plonge le tout dans un litre d'eau à 20°, et au bout de quelques instants la température du mélange se fixe à 6°. On demande quel était le poids de la glace attachée au fer. La chaleur spécifique du fer est 0,1138; la chaleur latente de la glace est 79,25.

Réponse : $P = 157^{gr},25$.

105.

Sachant que la chaleur latente de vaporisation de l'eau est 537 calories, combien faudra-t-il condenser de vapeur à 100° dans un bain de 80 kilogrammes d'eau pour élever la température de 12° à 35°?

Réponse : $P = 3^{kil},056$.

106.

Dans quelle proportion faut-il partager un kilogramme d'eau à 50° pour que la chaleur que l'une de ses parties abandonnerait en passant à l'état de glace à 0° fût suffisante pour transformer l'autre partie en vapeur à 100° sous la pression de $0^m,76$?

La chaleur latente de fusion de la glace est de 79,25; celle de la volatilisation de l'eau est de 535.

Réponse : Le mélange doit être fait dans les proportions de 819 grammes et 181 grammes.

107.

On abaisse du phosphore liquide jusqu'à une température de 30°; à ce moment, on y détermine un commencement de solidification : on demande si la solidification sera complète; si elle ne l'est pas, on demande quelle sera la portion du poids total qui se solidifiera.

Le phosphore fond à 44°,2 ; sa chaleur latente de fusion est 5,4 ; sa chaleur spécifique à l'état liquide ou à l'état solide dans le voisinage du point de fusion est 0,2.

Réponse : La solidification sera incomplète ; la portion solidifiée égale $\frac{1}{526}$ du poids total.

108.

Principe de transmission des pressions dans les fluides. Presse hydraulique. On met $7^{kg},50$ de glace à 0° avec 25 kilogrammes d'eau à 52° : quelle sera la température du mélange?

Réponse : $\theta = 21°,77$.

109.

Loi de Mariotte pour les pressions supérieures ou inférieures à une atmosphère.

Combien faut-il de glace à 0° pour abaisser de 10° la température de 23 kilogrammes d'eau dont la température est de 25° centigrades?

Réponse : $x = 20^{kg},446^{gr}$.

Acoustique.

110.

Deux cordes métalliques de même longueur et de même diamètre tendues par le même poids sont mises en vibration : on demande le rapport entre le nombre des vibrations. On sait que la densité de la première corde est de 8,53 et celle de la seconde de 21,75.

Réponse : $x = 1{,}6$.

(Solution développée.)

111.

Deux fils de fer de diamètres $1^{mm},12$ et $1^{mm},94$ sont tendus sur un sonomètre par des poids respectivement de 4 kilogrammes et de 10 kilogrammes : on demande le rapport de leur longueur pour qu'ils vibrent à l'unisson.

Réponse : Rapport $= 1{,}095$.

112.

Quelles sont les lois des vibrations des cordes? Comment les constate-t-on?

Deux cordes métalliques de même longueur, de même diamètre, tendues par le même poids, sont mises en vibration : on demande le rapport entre le nombre des vibrations. On sait que la densité de la première corde est de 8,53 et celle de la seconde de 21,75.

Réponse : Le rapport est 1,598.

113.

Deux cordes de même densité et de même longueur, tendues par un même poids, font en une seconde des vibrations dans le rapport de la quinte : quel est le rapport de leurs diamètres?

Réponse : $\frac{D}{D'} = \frac{3}{2}$

114.

Une corde en aluminium de densité m rend le même son qu'une autre corde en argent de densité n; elles sont respectivement tendues par des poids qui sont dans le même rapport que leurs densités. Quel est le rapport de leurs rayons ?

Réponse : $R = R'$.

115.

Comment vérifie-t-on par l'expérience les lois des vibrations transversales des cordes homogènes dont on fait varier la longueur, le diamètre et le poids tenseur?

Deux cordes de 1 mètre et $0^{m},45$ de longueur, la première tendue par un poids de 25 kilogrammes, la seconde par un poids de $6^{kg},25$, rendent le même son. Quel est le rapport de leurs diamètres?

Réponse : $R = \frac{27}{100}$.

Optique.

116.

Devant un miroir concave de 1 mètre de rayon on place un objet lumineux de $0^{m},08$ de hauteur, perpendiculairement à l'axe principal et à une distance de 3 mètres du miroir : on demande quelle sera la position et la grandeur de l'image.

Réponse : $A'B' = 0^{m},016$; distance, 60 centimètres.

(Solution développée.)

117.

Démonstration expérimentale des lois de la réfraction.

Application : l'indice de réfraction de l'essence de térébenthine pour la lumière jaune de l'alcool salé étant 1,467, trouver la valeur de l'angle limite pour cette lumière.

Réponse : $x = 42°58',25'',5$.

118.

Lois de la réfraction. Comment les détermine-t-on par l'expérience ?

L'angle limite d'un corps transparent pour les rayons jaunes est 43°58′ 42″ : en conclure l'indice de réfraction du corps pour ces rayons.

Définition de l'angle limite. Expliquer le phénomène du mirage.

Réponse : $n = 1,4445$.

119.

Lois de la réfraction de la lumière, angle limite. Calculer sa valeur pour l'eau dont l'indice de réfraction est $\frac{4}{3}$.

Réponse : $\alpha = 48°35'25''$.

120.

L'indice de réfraction d'une substance pour les rayons jaunes de la flamme de l'alcool salé est 1,3586 ; calculer l'angle limite pour ces rayons.

Réponse : $x = 47°23'46'',21$.

121.

Un rayon lumineux tombe obliquement sur la surface de l'eau. Quel doit être l'angle d'incidence pour que le rayon réfléchi soit perpendiculaire au rayon réfracté?

Réponse : $i = 53°7'50'',5$.

122.

Une chambre est complétement fermée; à son volet est pratiquée une ouverture munie d'une lentille de $0^m,40$ de foyer. A quelle distance du volet doit-on placer un écran dans l'intérieur de cette chambre, pour voir distinctement l'image d'objets extérieurs éloignés de 60 mètres?

Réponse : $x = 0^m,403$.

Chimie.

123.

Un flacon plein d'air sec, sous la pression de 0,760 et à la température de 0°, pèse 740 gr; plein de chlore, il pèse 742,4, et plein d'eau distillée, 2020 grammes, toujours à la même température et à la même pression. On suppose que la densité de l'air, dans les mêmes circonstances, est égale à $\frac{1}{769}$ de celle de l'eau. On demande le rapport de la densité du chlore à celle de l'air.

Réponse : $\delta = 2,44$.

124.

On demande le poids de charbon qui peut être transformé en oxyde de carbone par l'oxygène contenu dans 1 kilogramme de sesquioxyde de fer. Quel est le volume de cet oxyde de carbone mesuré sec à 20° et à la pression de 750 millimètres? L'équivalent du fer est 28, celui de l'oxygène 8 et celui du carbone 6. Le coefficient de dilatation des gaz est 0,00367 ; la densité de l'oxyde de carbone est 0,967.

Réponse : $c = 225$ grammes et $CO = 456^{lit},742^{ml}$.

125.

Combien faut-il mettre de fer dans des tonneaux contenant de l'acide sulfurique étendu d'eau pour obtenir 100 mètres cubes d'hydrogène saturé d'humidité, à la température de 10° et sous la pression de $769^{mm},16$? Les équivalents du fer, de l'oxygène et de l'hydrogène sont 28,8 et 1 ; le coefficient de dilatation des gaz = 0,00367; la densité de l'hydrogène = 0,06926 ; la tension maxima de la vapeur à 10° = 9,16.

Réponse : $P = 268^{kg},168712$.

(Solution développée.)

126.

Quel poids de carbonate de chaux faut-il décomposer par l'acide sulfurique pour obtenir l'acide carbonique nécessaire à la préparation de 100 litres d'eau de Seltz saturée à 15°, sous la pression de 6 atmosphères? L'eau dissout son volume de gaz acide carbonique à 15° et sous la pression de 6 atmosphères. La densité de ce gaz est 1,529 ; le coefficient de dilatation des gaz est 0,00367. Les équivalents du calcium, de l'oxygène et du carbone sont : 20, 8 et 6.

Réponse : $P = 2^{kg},5552$.

127.

Quel poids de vapeur d'eau faut-il décomposer par le fer chauffé au rouge pour obtenir l'hydrogène nécessaire au gonflement complet d'un ballon de la capacité de 500 mètres cubes, le gaz étant sec à la température de 20° et sous la pression de $0^m,770$? Quel est le poids du fer qui aura été oxydé ? quel est le poids de l'oxyde produit? Le coefficient de dilatation des gaz est 0,00367; la densité de l'hydrogène est 0,06926, l'équivalent du fer est 28, celui de l'oxygène 8 et celui de l'hydrogène 1.

Réponse : $H = 42^{kg},263^{gr}$.
— Vapeur $HO = 380^{kg},367^{gr}$.
— $Fe = 887^{kg},523^{gr}$.
— $Fe^3O^4 = 1225^{kg},627$.

128.

Calculer la force ascensionnelle d'un ballon (en négligeant le poids de l'enveloppe) complétement rempli à la température et à la pression constantes avec l'hydrogène fourni par 10 kilogrammes de zinc :

$$Zn = 33,4,\ H = 1.$$

Réponse : $f = 4^{kg},049317$.

(Solution développée.)

129.

On demande le poids d'un litre de chlore à la pression de $0^m,75$ et à la température de 25°; la densité du chlore est 2,44 ; un litre d'air pèse $1^{gr},293$ à 0° sous la pression de $0^m,76$.

Réponse : $P = 2^{gr},88$.

130.

La densité de l'acide carbonique étant 1,529, calculer le poids d'un mètre cube de ce gaz à la pression de 780 millimètres et à la température de 20°.

Réponse : $P = 1^{kg},890$.

131.

Quel est le poids de marbre supposé pur qu'il faudrait employer pour remplir d'acide carbonique un gazomètre de 300 litres à 15°, sous la pression de $0^m,780$? La densité de l'acide carbonique à 0° et sous la pression de $0^m,760$ est égale à 1,529 ; l'équivalent du carbone est 6, celui de l'oxygène 8, celui du calcium 20.

Réponse : $P = 1^{kg},306^{gr},588^{mg}$.

DEUXIÈME PARTIE.

THÉORIES DE PHYSIQUE[1].

Pesanteur. Poids. Balance.

1.

Théorie élémentaire du pendule; comment mesure-t-on à son aide l'intensité de la pesanteur?

2.

Machine d'Atwood.

3.

Balance. Détermination du poids d'un corps liquide.

Hydrostatique. Principe de Pascal.

4.

Énoncer les principes de la transmission des pressions dans les liquides. Décrire la presse hydraulique; en faire connaître les usages.

5.

De la presse hydraulique et des principes sur lesquels cet instrument est fondé.

1. Pour le développement de ces sujets de théorie, les candidats pourront utilement consulter le traité de *Physique* de M. J. Langlebert.

6.

Vases communiquants. Applications diverses.

Poids spécifiques. Aréomètres.

7.

Faire connaître les procédés à l'aide desquels on détermine la densité des corps solides et liquides.

8.

Poids spécifiques des corps solides.

9.

Exposer les procédés à l'aide desquels on peut déterminer les poids spécifiques des liquides.

10.

Trouver le poids spécifique d'un liquide par la méthode du flacon.

11.

Des aréomètres et des principes sur lesquels reposent ces instruments.

12.

Détermination de la densité : 1° d'un corps solide ; 2° d'un corps liquide, à l'aide des aréomètres à volume constant.

13.

Description des aréomètres de Fahrenheit et de Nicholson ; leurs usages.

14.

Aréomètres à volume constant.

15.

Aréomètres à poids constant.

16.

Aréomètres à volume constant et aréomètres à poids constant.

17.

Qu'est-ce qu'un pèse-acide de Baumé? Comment gradue-t-on cet instrument ?

18.

Comment gradue-t-on l'alcoomètre de Gay-Lussac ?

Pesanteur de l'air. Baromètres.

19.

Description et usages du baromètre. Des principales espèces de baromètres. Précautions à prendre pour leur construction.

20.

Construction du baromètre à cuvette. Exposer comment cet appareil mesure la pression atmosphérique.

Effectuer la correction relative à la dilatation du mercure du baromètre.

21.

Description du baromètre de Fortin.

22.

Corrections barométriques.

Force élastique des gaz. Loi de Mariotte. Manomètres.

23.

Loi de Mariotte. Démonstration expérimentale pour les pressions supérieures à une atmosphère.

24.

Vérification de la loi de Mariotte pour les pressions inférieures à une atmosphère. Manomètres.

25.

Exposer la loi de Mariotte. Appliquer cette loi à la construction des manomètres.

Pompes à gaz et à liquides. Siphon.

26.

Décrire la machine pneumatique et indiquer la loi de décroissement de la pression intérieure en supposant le récipient égal en capacité à chacun des corps de pompe.

27.

Principe de la machine pneumatique. Loi de la raréfaction de l'air. Limite du vide.

28.

Des divers systèmes de pompes employées pour élever les liquides.

29.

Du siphon et de ses usages.

Chaleur. Dilatation des corps par la chaleur. Thermomètres.

30.

Décrire les appareils qui servent à mesurer la dilatation linéaire des solides. Comment en conclut-on la dilatation superficielle et la dilatation cubique ?

31.

Dilatation des corps par la chaleur. Comment la démontre-t-on par les solides, les liquides et les gaz? Coefficient de dilatation linéaire, cubique. Coefficient de dilatation apparente et de dilatation absolue pour les liquides. Phénomènes particuliers que présente l'eau. Comment a-t-on déterminé la température du maximum de densité? Condition normale. Comment fait-on la correction relative à la température des corps et à celle de l'eau?

32.

Construction et graduation du thermomètre à mercure.

33.

Comment marque-t-on le degré 100 du thermomètre centigrade ?

Changements d'état des corps. Fusion, solidification, vaporisation. Formation et propriétés des vapeurs.

34.

Étude de l'évaporation et de l'ébullition. Indiquer en particulier l'influence de la pression sur la température d'ébullition.

35.

Étude de la fusion et de la solidification.

36.

Montrer l'existence de la chaleur latente de fusion. Comment détermine-t-on la chaleur latente de fusion de la glace?

37.

Démonstration expérimentale des lois de la formation des vapeurs dans le vide. Distinction des vapeurs saturées et des vapeurs non saturées.

38.

Étude des vapeurs en contact avec un excès de liquide.

39.

Vapeurs dans le vide. Définition de la tension maxima des vapeurs dans le vide. Mélange des gaz et vapeurs.

40.

Mélange des gaz et des vapeurs.

41.

De la formation des vapeurs et de la mesure de leur force élastique.

42.

Mesure de la force élastique maxima de la vapeur d'eau à diverses températures.

43.

Mesure du maximum de tension de la vapeur d'eau à diverses températures par la méthode de Dalton.

Dilatation et densités des gaz.

44.

Dilatation des gaz. Trouver le coefficient de dilatation de l'air.

45.

Comment détermine-t-on la densité d'un gaz?

46.

Définition des poids spécifiques des gaz. Donner la méthode de M. Regnault pour la détermination de ces poids spécifiques.

47.

Comment M. Regnault a-t-il déterminé en grammes le poids d'un litre d'air sec à 0° et à la pression de 760 millimètres?

48.

Équilibre des fluides (liquides ou gaz) dont les différentes parties ne sont pas à la même température. Application. Chauffage. Aérage des mines. Vents réguliers.

Propagation de la chaleur. Conductibilité. Rayonnement. Calorimétrie.

49.

De la conductibilité des corps solides, liquides et gazeux pour la chaleur.

50.

Quelles sont les propriétés principales de la chaleur rayonnante? Comment les constate-t-on?

51.

Chaleur rayonnante. Expériences de Melloni.

52.

Loi de la réflexion de la chaleur. Mesure des pouvoirs réflecteurs des corps pour la chaleur.

53.

Pouvoir émissif, pouvoir réflecteur, pouvoir absorbant.

54.

Pile thermo-électrique. Chaleur rayonnante. Milieux diathermanes.

55.

Définition de la chaleur spécifique. Détermination des chaleurs spécifiques des liquides et des solides par la méthode des mélanges.

Hygrométrie. Météorologie.

56.

Qu'est-ce que l'état hygrométrique de l'air? Comment peut-on le déterminer ?

57.

Hygromètre à cheveu. Graduation. Tables de correction.

58.

Construction des tables de l'hygromètre de Saussure.

59.

Phénomène et théorie de la rosée.

Électricité. Électricité statique.

60.

Exposer les phénomènes de l'électrisation par influence et en appliquer les principes à la théorie de l'électroscope à feuilles d'or.

61.

Description et théorie des principaux appareils employés à produire de l'électricité statique. Électrophore. Machine électrique.

62.

Quels sont les principes sur lesquels est fondée la machine électrique? En décrire les parties essentielles et indiquer le rôle de chacune d'elles.

63.

Décrire la bouteille de Leyde et l'électroscope condensateur à lame d'or; expliquer la manière dont ces appareils se chargent d'électricité.

64.

Théorie de la condensation électrique. Bouteille de Leyde.

65.

Des condensateurs électriques.

66.

Électrophore. Bouteille de Leyde.

67.

Électroscopes à feuilles d'or.

68.

Électromètre condensateur.

69.

Décrire les électroscopes ordinaires, indiquer la manière dont on les emploie.

70.

Théorie du condensateur ; mesurer la force condensante. Effets de la batterie électrique.

71.

Théorie du paratonnerre.

Magnétisme.

72.

Propriétés des aimants. Action de la terre. Déclinaison et inclinaison.

73.

Action de la terre sur les courants. Comment en a-t-on déduit les noms des pôles? L'action de la terre sur un barreau est purement directrice. Méridien magnétique. Déclinaison actuelle en Europe. Variations séculaires. Équateur magnétique. Comment se comporte l'aiguille de déclinaison au pôle magnétique ?

74.

Action de la terre sur une aiguille aimantée, suspendue successivement par son centre de gravité : 1° à un pivot vertical ; 2° à un pivot horizontal ; définir la déclinaison et l'inclinaison magnétiques. Équateur magnétique. Pôles magnétiques.

75.

Décrire la boussole de déclinaison et faire connaître la distribution du magnétisme à la surface du globe terrestre.

76.

Déclinaison et inclinaison de l'aiguille aimantée. Boussole de déclinaison.

Électricité voltaïque.

77.

Effets chimiques des courants voltaïques; application.

78.

Effets chimiques produits par les courants électriques.

79.

Exposer les lois de la décomposition des composés binaires sous l'influence du courant électrique.

Électro-magnétisme.

80.

Lois d'Ampère sur l'action mutuelle des courants. Vérification expérimentale. Solénoïdes. Identification des phénomènes magnétiques et électriques.

81.

De l'action des aimants sur les courants et de l'action des courants sur les aimants.

82.

Construction et usages du rhéomètre multiplicateur.

83.

Théorie du galvanomètre. Comment en déduit-on l'intensité du courant?

Électro-dynamique.

84.

Action des courants sur les courants et sur les aimants.

85.

Comment constate-t-on la répulsion et l'attraction des courants électriques? Énoncer les principaux résultats obtenus.

86.

Action d'un courant horizontal indéfini sur un courant vertical mobile autour d'un axe vertical. Résultante des forces agissantes ; son effet définitif.

87.

Action de la terre sur un courant vertical mobile autour d'un axe vertical. Qu'en peut-on conclure?

88.

Solénoïdes; leur assimilation aux aimants.

Aimantation par les courants. Télégraphie électrique.

89.

Aimantation par les courants.

90.

Aimantation par les courants. Principes du télégraphe électrique.

91.

Donner les principes sur lesquels est fondée la construction du télégraphe électrique.

Courants d'induction.

92.

Expériences fondamentales de l'induction électrique.

93.

Machine de Clarke.

94.

Exposer les lois de l'induction électrique et décrire l'appareil de Pixii.

Optique.

Photométrie.

95.

Ombre et pénombre. Mesure des intensités relatives de deux lumières. Photométrie.

96.

Chambre noire. Mesure des intensités relatives de la lumière.

Réflexion.

97.

Énoncer les lois de la réflexion de la lumière. Appliquer ces lois à la formation des images à l'aide des miroirs plans.

98.

Un objet est placé devant un miroir plan : donner la position de l'image; indiquer les déplacements de l'image correspondant aux déplacements de l'objet ou du miroir.

Miroirs concaves.

99.

Réflexion de la lumière sur les miroirs sphériques concaves. Formation des images réelles et virtuelles.

100.

Expliquer comment et dans quelles circonstances un miroir concave peut former l'image réelle d'un objet lumineux placé devant sa surface polie.

101.

Lois de la réflexion de la lumière ; effets des miroirs sphériques concaves et convexes.

Réfraction. Prisme. Lentilles.

102.

Marche de la lumière dans un prisme. Décomposition et recomposition de la lumière blanche.

103.

Décomposition et recomposition de la lumière. Réflexion totale.

104.

Faire connaître les expériences qui prouvent que la lumière blanche est composée d'une série de rayons élémentaires, distincts les uns des autres par leur couleur et leur réfrangibilité.

105.

Analyse de la lumière à l'aide du prisme. Prouver que les rayons élémentaires sont de couleurs simples. Recomposition de la lumière blanche. Teintes complémentaires. Pourquoi un rayon de lumière qui traverse obliquement une lame de verre à faces parallèles sort-il sans être coloré?

106.

Lois de la réfraction de la lumière. Marche de la lumière dans les prismes. Spectre.

107.

Lois de la réfraction. Formation des images dans les lentilles convergentes.

108.

Action des lentilles biconvexes sur les rayons lumineux partant d'un point : examiner les divers cas.

109.

Lentilles convergentes ; images réelles et virtuelles.

110.

Lentilles biconcaves. Marche des rayons à travers ces lentilles. Formation des images.

111.

Réfraction à travers les lentilles divergentes. Formation des images. Détermination expérimentale du foyer principal.

Instruments d'optique.

112.

Chambre noire. Microscope solaire. Loupe.

113.

Vision. Microscope solaire.

114.

Structure de l'œil. Vision.

115.

Loupe. Théorie; applications.

116.

Qu'est-ce qu'une loupe? Comment cet appareil aide-t-il la vision? Comment doit-on l'employer? Comment, dans son emploi, l'observateur doit-il tenir compte de la distance de la vision distincte? Quelle différence y a-t-il entre les lunettes dont se servent les presbytes et celles des myopes?

117.

Microscope composé. Marche de la lumière dans cet instrument. Formation des images. Grossissement.

118.

Du microscope. Marche de la lumière dans cet instrument. Corrections barométriques relatives à la température du mercure.

119.

Lunette astronomique. Marche de la lumière. Grossissement.

120.

Lunette terrestre.

121.

Description de la lunette astronomique; comment la transforme-t-on en lunette terrestre?

122.

Théorie de la lunette de Galilée; mesure du grossissement.

123.

Télescope en général. Télescope de Newton.

124.

Description du télescope de Newton; marche de la lumière dans cet appareil; mesure du grossissement.

Acoustique.

125.

Quelles sont les lois des vibrations des cordes? Comment les constate-t-on?

126.

Production du son par les corps solides. Vibrations transversales des cordes.

127.

Mesure de la hauteur d'un son. Sirène.

128.

Décrire la sirène. Comment peut-elle faire connaître le nombre des vibrations des diverses notes d'une gamme? quels sont les rapports de ces nombres?

129.

Qu'entend-on par hauteur d'un son? comment peut-on la déterminer? Quelle est la valeur numérique des intervalles d'octave, de tierce et de quarte?

130.

Qualités d'un son.

TROISIÈME PARTIE.

SOLUTIONS RAISONNÉES DE QUELQUES PROBLÈMES DE PHYSIQUE.

3.

On laisse tomber une pierre au fond d'un puits de mine de 200 mètres de profondeur : on demande, en ayant égard à la vitesse de propagation du son, le temps qui s'écoule entre l'instant où la pierre commence à se mouvoir et le moment où on a entendu le bruit de sa chute.

Solution :

Représentons par P la profondeur du puits, par x le temps écoulé entre le départ de la pierre et le moment où on a entendu le bruit de sa chute ; de plus, soient t la durée de la chute et g l'intensité de la pesanteur, on aura :

$$P = \frac{1}{2} g t^2,$$

d'où

$$t = \sqrt{\frac{2P}{g}}.$$

Mais en désignant par v la vitesse du son, nous savons que le bruit provenant de la chute du corps ne s'entend qu'après un temps t' et que

$$t' = \frac{P}{v};$$

or

$$x = t + t',$$

c'est-à-dire

$$=\sqrt{\frac{2P}{g}}+\frac{P}{v}:$$

donc

$$x=6'',9739.$$

Réponse : Le temps écoulé entre l'instant où la pierre commence à se mouvoir et le moment où on a entendu le bruit de sa chute est de 6 secondes 97 centièmes.

6.

L'une des branches d'un siphon est remplie de mercure jusqu'à $0^m,175$, l'autre est remplie d'un liquide jusqu'à $1^m,42$; ces deux colonnes se font équilibre : on demande la densité de ce liquide par rapport au mercure et à l'eau.

Solution :

Dans les vases communiquants les hauteurs de deux liquides qui se font équilibre sont en raison inverse des densités de ces liquides.

On a donc, en représentant par x la densité inconnue du liquide et par d celle du mercure,

$$\frac{x}{d}=\frac{0,175}{1,420},$$

d'où

$$x=\frac{13,59\times175}{1420}=1,675.$$

Telle est la densité du liquide *par rapport à l'eau.* Pour avoir la densité par rapport au mercure, il suffit de prendre $d=1$. Alors l'équation devient :

$$\frac{x}{1}=\frac{175}{1420}=0,123.$$

Réponse : Densité par rapport au mercure = 0,123.
— Densité par rapport à l'eau = 1,675.

15.

Dire le rapport du poids de deux sphères, l'une de platine, l'autre de fer, qu'il faudrait attacher ensemble pour que le système fût en équilibre au milieu du mercure : la densité du platine est 21, celle du fer 7,8 et celle du mercure 13,6.

Solution :

Soient x le poids du platine, y celui du fer. Volume du platine $= \frac{x}{21}$, celui du fer $= \frac{y}{7,8}$; donc le volume du mercure déplacé est de

$$\frac{x}{21}+\frac{y}{7,8}, \text{ et son poids égale } \left(\frac{x}{21}+\frac{y}{7,8}\right) 13,6 :$$

on a donc

$$x+y=\left(\frac{x}{21}+\frac{y}{7,8}\right) 13,6.$$

De cette équation on obtient

$$\frac{x}{y}=\frac{12180}{5772}=\frac{1015}{481}=2,11.$$

Réponse : Le rapport demandé $= 2,11$.

23.

Un baromètre, assez large pour que l'influence capillaire soit nulle, marque 0,77; la température est 20°. Quelle est la pression vraie? L'échelle est en laiton; le coefficient de la dilatation cubique du mercure est $\frac{1}{5550}$; celui du laiton est $\frac{1}{18000}$.

Solution :

Un centimètre de longueur de laiton à 20° devient à 0° $\frac{1}{1+\delta t}$ δ étant le coefficient de dilatation linéaire du laiton.

Il en résulte que quand le baromètre marque 77 centimètres à 20°, sa véritable longueur serait donnée à 0° par

$$77\ (1+\delta t).$$

Cette longueur est la hauteur de la colonne barométrique à 20°. Ceci posé :

La densité du mercure n'est plus à 20° ce qu'elle était à 0° ; or, la pression étant la même aux deux températures, *les hauteurs seront en raison inverse des densités;* nous aurons donc :

$$\frac{ho \text{ hauteur du mercure à } 0°}{77\,(1+\delta t) \text{ hauteur du mercure à } 20°} = \frac{d^t \text{ densité du mercure à } 20°.}{d^0 \text{ densité du mercure à } 0°.}$$

D'autre part : *Les densités d'un même corps sont inversement proportionnelles aux binômes*

$$\frac{dt}{d^{\circ}} = \frac{1}{1+\alpha t},$$

α étant le coefficient de la dilatation cubique du mercure.

Il faut conclure de là que : *les hauteurs sont directement proportionnelles aux binômes.*

Lorsque les hauteurs barométriques correspondant à la même pression sont observées à des températures différentes, nous aurons donc enfin

$$\frac{ho \text{ ou } x}{77\ (1+\delta t)} = \frac{1}{(1+\alpha t)};$$

d'où

$$x = \frac{77\ (1\times\delta t)}{(1+\alpha t)}.$$

Remplaçant les lettres par leurs valeurs et observant que

$$\delta = \frac{1}{3} \text{ de } \frac{1}{18000},$$

nous aurons

$$x = \frac{77\left(1 + \frac{20}{18000 \times 3}\right)}{1 + \frac{20}{5550}} = 77 \times \frac{\frac{5402}{3 \times 1800}}{\frac{557}{555}}$$

ou

$$H'0 = 76^{centim},75.$$

Réponse. La hauteur à 0° est de 76centim,75.

31.

La capacité d'un corps de pompe d'une machine pneumatique est les $\frac{3}{8}$ de celle du récipient; calculer la force élastique de l'air du récipient après 10 coups de piston : la pression initiale est de 760 millim.

Solution :

Soient V et v les volumes du récipient et du corps de pompe de la machine;

H, la pression de l'air au moment où l'on commence à faire fonctionner l'appareil; en appelant H la tension après un coup de piston nous aurons :

$$\frac{H_1}{H} = \frac{V}{V+v};$$

d'où l'on tire :

$$(1) \qquad H_1 = H\left(\frac{V}{V+v}\right).$$

On trouverait de même, en appelant H_2, H_3 ..... H_x, les tensions après un, deux ..... x coups de piston,

$$H_2 = H_1\left(\frac{V}{V+v}\right),$$

et remplaçant H_1 par sa valeur exprimée dans l'équation (1) on obtient :

$$H_2 = H\left(\frac{V}{V+v}\right)\left(\frac{V}{A+v}\right) = H\left(\frac{V}{V+v}\right)^2.$$

On obtiendrait de même pour H_3

$$H_3 = H_2 \left(\frac{V}{V+v}\right) = H \left(\frac{V}{V+v}\right)^3,$$

et enfin pour Hx,

$$Hx = H \left(\frac{V}{V+v}\right)^x.$$

Appliquant cette formule et remplaçant les lettres par leurs valeurs dans l'exemple donné, nous aurons :

$$X = 76 \left(\frac{\frac{8}{8}}{\frac{8}{8}+\frac{3}{8}}\right)^{10} = 76 \left(\frac{8}{11}\right)^{10},$$

d'où

$$\text{logarith. } X = \log. 76 + 10 (\log. 8 - \log. 11);$$

$$\log. x = 1{,}8808136 + 10 (0{,}9030900 - 1{,}0413927),$$

$$\log. 8 - \log. 11 = \bar{1}{,}8616973;$$

$$\log. x = 1{,}8808136 + 10 (\bar{1}{,}8616973) = 1{,}8808136 + \bar{2}{,}6169730;$$

$$\log. x = 0{,}4977866,$$

d'où

$$x = 3^{\text{centim}}{,}146.$$

Réponse : $31^{mm},46$.

39.

Une barre métallique a 15 m. de longueur à la température de 25° centigrades et $14^m,175$ à la température de $8^o,5$: on demande le coefficient de la dilatation du métal.

Solution :

Soient lo la longueur de la barre à 0° l_t, lt', les longueurs de cette même barre aux températures t et t'.

On sait que l'on a :

$l_t = lo (1 + \delta t)$, δ représentant le coefficient de dilatation cherché.

De même :

$$l_{t'} = l_0 (1 + \delta t');$$

d'où

$$l_0 = \frac{l_t}{1+\delta t} = \frac{l_{t'}}{1+\delta t'};$$

de là l'équation

$$l_t(1+\delta t') = l_{t'}(1+\delta t),$$

d'où enfin

$$\delta = \frac{l_t - l_{t'}}{l_{t'} t - l_t t'}.$$

En remplaçant les lettres par leurs valeurs il vient :

$$\delta = \frac{15 - 14,175}{25 \times 14,175 - 8,5 \times 15} = 0,003636.$$

Réponse : le coefficient cherché $= 0,003636$.

47.

Un ballon de verre contient, à 0°,3 kilog. de mercure et se trouve complétement rempli par ce métal, on le chauffe à 100° et on demande quel poids de mercure en sort. Le coefficient de dilatation cubique du verre est $\frac{1}{38700}$, celui du mercure $\frac{1}{5550}$; le poids spécifique du mercure est 13,6.

Solution :

La formule $V = \frac{P}{D}$ me donne le volume intérieur du ballon, volume qui est le même que celui du mercure qui le remplit à 0°.

A 100° le volume du verre devient :

(1) $\frac{P}{D}(1+kt)$ (k représentant le coefficient de la dilatation du verre).

A cette même température, le volume du mercure sera, en représentant par x le poids du métal qui sort du ballon et par α le coefficient de dilatation du mercure,

(2) $$\frac{P-x}{D}(1+\alpha t).$$

Or, ces deux volumes (1) et (2) sont égaux ; nous aurons donc :

$$\frac{P}{D}(1+kt)=\frac{P-x}{D}(1+\alpha t),$$

d'où

$$x=\frac{(P\alpha t-Pkt)}{(1+\alpha t)}.$$

Je remplace les lettres par les valeurs données dans l'énoncé et prenant le décimètre cube comme unité, il vient :

$$x=\frac{\left(3\times\frac{100}{5550}\right)-\left(3\times\frac{100}{38700}\right)}{1+\frac{100}{5550}}=\frac{\frac{30}{555}-\frac{30}{3870}}{\frac{565}{555}}=$$

$$x=\frac{30\times3870-30\times555}{3870\times565}=\frac{99450}{2186550}=0 \text{ kilog., } 045.$$

Réponse : 45 grammes.

59.

Un litre d'air pèse 1 gr. 299 à la température de 0° et à la pression de $0^m,76$. On demande le poids d'un litre de ce fluide à la température de 14° et à la pression de $0^m,77$.

Solution :

A 0° et sous la pression 760 mill., 1 litre d'air pèse $1^{gr},299$.

A 0° — — 1 — pèse $\frac{1,299}{760}$.

A 14° — — 1 — $\frac{1,299}{760(1+\alpha 14)}$.

A 14° — — 770 — $\frac{1.299\times770}{760(1+14\times\alpha)}$.

d'où

$$x=\frac{1,299\times77}{76(1+14\times0,00367)}=1,252.$$

Réponse : à 14° et à la pression de 77 cent., un litre d'air pèse 1 gram. 252 milligr.

78.

Calculer le poids de 10 litres d'air saturé d'humidité à 30° et sous la pression de $0^m,760$ millim. La force élastique maximum de la vapeur d'eau à 30° est 31 millim. 5.

Solution :

Pour avoir le poids d'une certaine quantité de *gaz humide*, il faut calculer séparément le poids du gaz sec et celui de la vapeur qu'il contient, puis additionner ensemble les poids trouvés.

Or, la tension de l'air sec égale (760 — 31,5).

La tension de la vapeur est de 31 millim. 5. Nous aurons donc :

A 0° et à 760 mill., 1 litre d'air pèse $1^{gr},293$.

A 0° — 1 — 10 litres d'air pèsent $\dfrac{1^{gr},293 \times 10}{760}$.

A 30° — 1 — 10 — — $\dfrac{1,293 \times 10}{760(1+30\alpha)}$.

A 30° — (760—31,5), 10 litres d'air pèsent

$$\frac{1,293 \times 10 \times (760-31,5)}{760(1+30\alpha)}.$$

$$\text{Poids de l'air sec} = \frac{1,293 \times 10 \times (760-31,5)}{760(1+30\alpha)}.$$

D'autre part :

A 0° et à 760 mill., 1 litre de vapeur pèse $1,293 \times \dfrac{5}{8}$.

A 0° — 1 — 10 litres — pèsent $\dfrac{1,293 \times \frac{5}{8} \times 10}{760}$.

A 30° — 1 — 10 — — — $\dfrac{1,293 \times \frac{5}{8} \times 10}{(1+30\alpha) \times 760}$.

A 30° et à 31,5 mill., 10 litres de vapeur pèsent

$$\frac{1{,}293\times\frac{5}{8}\times 10\times 31{,}5}{(1+30\alpha)\times 760}.$$

$$\text{Poids de la vapeur} = \frac{1{,}293\times\frac{5}{8}\times 10\times 31{,}5}{(1+30\alpha)\times 760}.$$

On a donc pour le poids cherché

$$X = \text{poids de l'air sec} + \text{poids de la vapeur}$$

$$X = \frac{1{,}293\times 10\,(760-31{,}5)}{760\,(1+30\alpha)} + \frac{1{,}293\times\frac{5}{8}\times 10\times 31{,}5}{760\,(1+30\alpha)},$$

d'où

$$X = 1{,}293\times 10\left(\frac{(760-31{,}5)+\left(\frac{5}{8}\times 31{,}5\right)}{760\,(1+30\alpha)}\right) = 11 \text{ gr. } 467.$$

Réponse : le poids cherché est de 11 grammes 467.

79.

Un mélange d'air et de vapeur d'eau à demi saturé à 30° occupe un volume d'un mètre cube à cette température et à la pression de 760 millim. Le mélange dont il s'agit, parfaitement isolé de l'air extérieur, est refroidi à 0° sans que la pression totale change. Quel sera alors son nouveau volume? La tension de la vapeur d'eau est de $0^m{,}0315$ à 30° et de 0,0046 à 0°. Le coefficient de dilatation des gaz est 0,00367.

Solution :

Quand un gaz est humide, la pression du gaz seul est égale à la pression donnée diminuée de celle de la vapeur.

Si le gaz n'est pas saturé, sa *tension de vapeur s'obtient en multipliant la tension maxima de la vapeur, à la température donnée, par l'état hygrométrique du gaz.*

Nous aurons donc :

A 30° et à $\left(760-\frac{1}{2}\times 31,5\right)$ le volume est 1000 déc.

A 0° et à $\left(760-\frac{1}{2}\times 31,5\right)$ le volume devient $\frac{1000}{(1+30\alpha)}$.

A 0° et à 1 mill. de pression le volume sera

$$\frac{1000\left(760-\frac{1}{2}\times 31,5\right)}{1+30\alpha},$$

enfin

A 0° et à $\left(760-\frac{1}{2}\times 4,6\right)$ le volume deviendra

$$\frac{1000\left(760-\frac{1}{2}\times 31,5\right)}{(1+30\alpha)\left(760-\frac{1}{2}\times 4,6\right)},$$

d'où

$$X=\frac{1000\times\left(760-\frac{1}{2}\times 31,5\right)}{(1+30\alpha)\left(760-\frac{1}{2}\times 4,6\right)}$$

$$=\frac{1000\times 744,25}{(1+30\times 0,00367)\times 757,70}=892.$$

Réponse : le volume nouveau est de 892 décim., c'est-à-dire de 892 litres.

86.

On mêle 3 kilog. 25 de glace à 0° avec 14 kilog. d'eau à 36°. Quelle est la température du mélange?

Solution :

Désignons par x la température du mélange :

Les 14 kilogrammes d'eau, pour s'abaisser à $x°$, cèdent 14 $(36-x)$ unités de chaleur.

Les 3 kilog. 25 de glace, qui sont primitivement à 0°, absorbent pour passer à l'état d'eau $3,25 \times 79$ unités de chaleur; puis, pour s'élever à x°, l'eau produite absorbe encore $3,25\,x$ unités de chaleur.

Nous aurons donc en posant chaleur perdue égale chaleur gagnée :

$$14\,(36 - x) = 3,25 \times 79 + 3,25\,x.$$

D'où nous déduisons

$$x\,(3,25 + 14) = (14 \times 36) - (3,25 \times 79),$$

et enfin

$$x \times 17,25 = 247,25 :$$

donc

$$x = \frac{247,25}{17,25} = 14^\circ,3.$$

Réponse : la température du mélange est de $14^\circ,3$.

110.

Deux cordes métalliques de même longueur et de même diamètre, tendues par le même poids, sont mises en vibration : on demande le rapport entre le nombre des vibrations. On sait que la densité de la première corde est de 8,53 et celle de la seconde de 21,75.

Solution :

Les cordes de même longueur, de même diamètre, tendues par le même poids, exécutent des vibrations dont les nombres sont en raison inverse des racines carrées des densités.

Nous aurons donc, en représentant par n et n' le nombre des vibrations des cordes ayant pour densités d et d' :

$$\frac{n}{n'} = \frac{\sqrt{d'}}{\sqrt{d}};$$

donc enfin en désignant par x le rapport demandé :

$$x = \sqrt{\frac{d'}{d}} = \sqrt{\frac{21,75}{8,53}} = 1,598.$$

Réponse : rapport demandé $= 1,6$.

116.

Devant un miroir concave de 1 mètre de rayon on place un objet lumineux de $0^m,08$ de hauteur, perpendiculairement à l'axe principal et à une distance de 3 mètres du miroir : on demande quelle sera la position et la grandeur de l'image.

Soit AB l'objet donné; A'B' sera son image.

Désignons par p la distance de l'objet au miroir, par p' la distance du miroir à laquelle se fait l'image et par f la distance focale principale ; les formules des miroirs nous donneront les deux équations suivantes :

$$(1) \qquad \frac{A'B'}{AB} = \frac{p'}{p} \text{ et } \qquad (2) \qquad \frac{1}{p} + \frac{1}{p'} = \frac{1}{f}.$$

Remplaçant les lettres par leurs valeurs, nous aurons en (2) :

$$\frac{1}{3} + \frac{1}{p,} = \frac{1}{0,50}$$

$$\frac{p'+3}{3p'} = \frac{1}{0,50}$$

$$0,50\,p' + 1,5 = 3p'$$

$$3\,p' - 0,50\,p' = 1,5$$

$$2,5\,p' = 1,5$$

d'où

$$p' = \frac{1,5}{2,5} = 0,6;$$

donc l'image se fera à $0^m,60$ du miroir. De même remplaçons les lettres par leurs valeurs dans l'équation (1),

Nous aurons :

$$\frac{A'B_1}{A\,B} = \frac{p'}{p}$$

$$\frac{A'B'}{0,08} = \frac{p'}{3} = \frac{0,6}{3},$$

d'où

$$A'B' = \frac{0,6 \times 0,08}{3} = \frac{0,048}{3} = 0,016$$

$$A'B' = 16 \text{ millim.}$$

Réponse : l'image se fera à une distance de 60 centimètres du miroir, et elle aura comme hauteur 16 millimètres.

125.

Combien faut-il mettre de fer dans des tonneaux contenant de l'acide sulfurique étendu d'eau pour obtenir 100 mètres cubes d'hydrogène saturé d'humidité, à la température de 10° et sous la pression de 769^{mm},16? Les équivalents du fer, de l'oxygène et de l'hydrogène sont 28, 8 et 1; le coefficient de dilatation des gaz = 0,00367; la densité de l'hydrogène est 0,06926; la tension maxima de la vapeur d'eau à 10° = 9^{m},16.

Solution :

Je cherche d'abord le poids de 100 mètres cubes d'hydrogène humide à 10° et à la pression de 769 millim. 16. Ce poids est composé : 1° du poids de 100 mètres cubes d'hydrogène sec à la pression de (769,16—9,16) et à 10°; 2° du poids de 100 mètres cubes de vapeur d'eau à 10° et à la pression de 9 millim. 16.

Le premier poids égale :

$$\frac{100000 \times (769,16 - 9,16) \times 1,293 \times 0,06926}{(1 + 10\alpha) \times 760};$$

le poids de la vapeur égale :

$$\frac{100000 \times 9,16 \times 1,293 \times \frac{5}{8}}{(1 + 10\alpha) \times 760};$$

la somme de ces deux poids donne :

$$P + P_1$$

poids de l'hydrogène sec, plus poids de la vapeur.

$$P + P_1$$

$$= 100000 \times 1{,}293 \left(\frac{[(769{,}16 - 9{,}16) \times 0{,}06926] + \left(9{,}16 \times \frac{5}{8}\right)}{(1 + 10\,\alpha) \times 760} \right)$$

$$= 9577 \text{ gr. } 454.$$

Donc le poids de 100 mètres cubes d'hydrogène humide à 10° et à 769 millim. 16 de pression = 9577 gr. 454 millig.

D'autre part, nous avons la réaction chimique suivante :

$$Fe + SO^3{,}HO = FeO{,}SO^3 + H$$

remplaçant par les équivalents

$$28 + 49 = 76 + 1.$$

donc nous voyons que 28 *grammes de fer donnent un gramme d'hydrogène,* et si un gramme d'hydrogène est donné par 28 grammes de fer, 9577 grammes 454, c'est-à-dire le poids des 100 mètres cubes demandés, seront donnés par $28 \times 9577{,}454$, c'est-à-dire 268168,712.

Réponse : la quantité de fer demandée est de 268 kilog. 168 gr. 712 milligrammes.

128.

Calculer la force ascensionnelle d'un ballon (en négligeant le poids de l'enveloppe) complétement rempli à la température et à la pression constantes avec l'hydrogène fourni par 10 kilog. de zinc. $Zn = 33{,}4$ et $H = 1$.

Solution :

La préparation de l'hydrogène par le zinc et l'acide sulfurique est indiquée par l'équation :

$$Zn + SO^3{,}HO = H + ZnO{,}SO^3;$$

or, d'après l'énoncé $Zn = 33{,}4$ et $H = 1$, il s'ensuit donc que 33 gr. 4 de zinc donnent un gramme d'hydrogène et que 10 kilog. de zinc donneront :

$$\frac{10000 \times 1}{33{,}4} = 299{,}40,$$

c'est-à-dire 299 gr. 40 centigrammes.

Nous savons qu'un litre d'hydrogène pèse :

$$1^{gr},293 \times 0,0692 = 0^{gr},089.$$

Si donc $0^{gr},89$ sont le poids de un litre d'hydrogène, 299 gram. 40 seront le poids de :

$$\frac{299,40}{0,089} = 3364 \text{ litres } 105.$$

Or, la force ascensionnelle d'un aérostat est égale au poids de l'air déplacé par l'appareil diminué du poids du ballon plein de gaz.

Cherchons donc le poids de l'air déplacé : ce poids a pour volume 3364 litres 05 ; or un litre d'air dans les conditions normales pèse $1^{gr},293$, donc le poids de l'air déplacé est de

$$3364,05 \times 1,293 = 4348^{gr},717^{mm}.$$

Force ascensionnelle = poids de l'air déplacé moins poids de l'hydrogène : donc

$$x = 4348,717 - 299^{gr},40 = 4049,317.$$

Réponse : la force ascensionnelle demandée est de 4 kilogr. 49 gr. 317 milligrammes.

SUJETS

DE

COMPOSITIONS D'HISTOIRE NATURELLE

DONNÉS

AUX EXAMENS DU BACCALAURÉAT ÈS SCIENCES
RESTREINT POUR LA PARTIE MATHÉMATIQUE
DANS LES FACULTÉS DES SCIENCES DE PARIS ET DES DÉPARTEMENTS.

ZOOLOGIE.

1.

Divisions du règne animal en embranchements et en classes; indication sommaire des principaux caractères de chacun des groupes zoologiques.

2.

Caractères distinctifs des animaux, des minéraux et des végétaux.

3.

Décrire l'appareil digestif et ses annexes.

4.

Des phénomènes chimiques de la digestion et de l'absorption des matières alimentaires.

5.

Nature des aliments. Phénomènes physiques de la digestion.

6.

Nature chimique et rôle des aliments; leurs différences et leur division sous ce double rapport; leur digestion, sécrétions qui y concourent; absorption.

7.

Du système dentaire chez l'homme.

(Sujet développé [1].)

8.

Du système lymphatique.

9.

Constitution du sang.

10.

De la composition et des usages du sang.

11.

Description de l'appareil respiratoire chez l'homme.

12.

Phénomènes physiques et physiologiques de la respiration.

13.

Squelette : indication des pièces qui entrent dans sa composition.

(Sujet développé.)

1. Après avoir publié les textes des sujets de composition, donnés dans les examens du baccalauréat pour l'histoire naturelle, nous avons pensé qu'il était utile d'offrir aux candidats quelques modèles de développements. Pour les sujets qui ne sont point traités, les candidats pourront consulter l'ouvrage sur l'*Histoire naturelle*, publié par M. J. Langlebert.

14.

Les os, leur composition, leurs principaux genres d'articulation; énumération des os de la tête et du tronc.

15.

Du système nerveux cérébro-spinal chez l'homme.

16.

Anatomie de l'encéphale.

17.

Anatomie et physiologie des organes des sens.

18.

Des sens en général; appareil de la vision (avec figure); propriétés et usages de ses différentes parties.

19.

Structure de la peau chez l'homme.

(Sujet développé.)

20.

Parties comprenant l'organe spécial du toucher.

21.

Organes du goût et de l'odorat chez l'homme.

22.

Description de l'œil humain et des organes accessoires de la vision; muscles, glandes lacrymales, etc. Négliger la théorie physique de l'œil.

(Sujet développé.)

23.

Description du globe de l'œil et mécanisme de la vision.

24.

Description de l'oreille humaine.

25.

Organe de l'ouïe chez l'homme; fonctions de ses parties essentielles.

26.

Classification générale du règne animal.

27.

De la division du règne animal en embranchements. Caractères anatomiques sur lesquels repose cette classification.

28.

Classification du règne animal d'après Cuvier. Caractères sur lesquels repose cette classification.

29.

Indiquer les particularités organiques essentielles qui caractérisent la classe des oiseaux. Groupes principaux de cette classe.

30.

Caractères des embranchements du règne animal. Caractères de la classe des oiseaux.

31.

Division des vertébrés en cinq classes. Caractères de chaque classe.

32.

Indiquer les principales différences anatomiques et physiologiques qui distinguent entre eux les mammifères, les oiseaux et les poissons.

33.

Des différences anatomiques et physiologiques qui existent entre les mammifères, les oiseaux, les reptiles, les batraciens, les poissons et les insectes.

34.

Principales différences anatomiques qui distinguent entre eux les baleines, les cachalots, les siréniens et les phoques.

35.

Caractères généraux de la troisième classe des vertébrés.

36.

Caractères généraux des reptiles. Leur division en trois ordres.

(Sujet développé.)

37.

Différences anatomiques et physiologiques entre les mammifères, les oiseaux, les reptiles et les batraciens.

38.

Principaux caractères anatomiques et physiologiques de la classe des crustacés.

39.

Mode d'organisation des animaux articulés. Principales différences anatomiques et physiologiques qui séparent entre elles les classes formées par ces animaux.

40.

Caractères anatomiques et physiologiques qui distinguent les insectes des autres animaux articulés.

41.

Caractères généraux des insectes; principales modifications de leurs organes.

42.

Principaux caractères du sous-embranchement des vers et des classes dont ce groupe se compose, et choisir un exemple d'animaux à génération alternante.

43.

Principaux caractères anatomiques de la classe des arachnides.

44.

Comparer la structure des mammifères et des poissons.

45.

Caractères généraux des animaux articulés ou annelés. Leur division en cinq classes. Des annélides et des crustacés.

46.

Caractères généraux des insectes. Des principaux ordres de cette classe et de ses métamorphoses.

47.

Division de la classe des mammifères en ordres et caractères des différents groupes.

48.

Caractères anatomiques et physiologiques de la classe des mammifères. Classification de ces animaux.

49.

Appareil digestif des mammifères. Phénomènes chimiques de la digestion.

50.

Des os, des articulations. Squelette des mammifères.

51.

Appareil de la digestion chez les mammifères, les oiseaux, les insectes et les polypes.

52.

Du système dentaire chez l'homme et les animaux vertébrés et du système buccal chez les insectes.

53.

Appareil digestif chez les vertébrés.

54.

Appareil de la circulation dans les principales classes du règne animal.

55.

Du cœur et des principales modifications dans l'embranchement des vertébrés.

56.

De la circulation du sang chez les animaux vertébrés.

57.

De la circulation du sang dans les différentes classes d'animaux.

(Sujet développé.)

58.

La circulation et son appareil dans les mammifères, les reptiles et les poissons.

59.

De la circulation du sang chez les animaux articulés et les mollusques.

60.

Appareil circulatoire des poissons, mollusques et crustacés.

61.

Appareil de la circulation : 1° chez les poissons; 2° chez les batraciens à l'état de larve et à l'état parfait; 3° chez les reptiles.

62.

Description de l'appareil buccal des différents groupes de la classe des insectes.

63.

Appareil de la circulation chez les oiseaux, les poissons, les mollusques, les crustacés et les insectes.

64.

De l'appareil respiratoire dans les principales classes du règne animal.

(Sujet développé.)

65.

Appareil respiratoire chez les vertébrés et les insectes.

66.

De la respiration des animaux en général. Phénomènes chimiques de la respiration. Appareil respiratoire des mammifères. Mécanisme de l'inspiration et de l'expiration. Asphyxie.

67.

Des organes de la respiration chez les mammifères, les oiseaux, les poissons, les insectes, les crustacés et les mollusques.

68.

Particularités anatomiques de l'appareil respiratoire des oiseaux.

69.

Organes de la respiration chez les poissons, batraciens, reptiles, oiseaux.

70.

Des organes de la respiration chez les mollusques, les insectes et les oiseaux.

71.

Organes de la respiration chez les insectes, les crustacés et les mollusques.

72.

Appareil de la respiration chez les reptiles.

73.

Des organes de la respiration chez les insectes terrestres et aquatiques.

74.

Les organes de la respiration chez les animaux invertébrés.

75.

Organisation de l'appareil respiratoire et circulatoire des poissons.

76.

Des organes de la respiration et de la circulation chez les mollusques.

77.

Comparer la respiration (organes et mode d'action) dans les animaux et dans les végétaux.

78.

Modifications à l'appareil locomoteur pour servir à la natation et au vol; les énumérer, en donner surtout les raisons. L'appareil locomoteur servant à la marche est supposé connu.

79.

Du mécanisme des mouvements. Modification à l'appareil locomoteur pour servir à la marche, au vol, à la natation et à la reptation dans les divers animaux.

80.

Structure de l'appareil de la locomotion chez les animaux vertébrés et articulés.

81.

Des organes sécréteurs chez les animaux.

82.

Du système nerveux dans les principales classes du règne animal : mammifères, oiseaux, poissons, insectes, crustacés, mollusques, gastéropodes, mollusques céphalopodes et mollusques acéphales.

83.

Du système nerveux en général. Données qu'on en tire pour la classification des animaux.

84.

Système nerveux des animaux vertébrés.

85.

Système nerveux des animaux invertébrés.

(Sujet développé.)

86.

Du système nerveux : 1° chez les mammifères, 2° chez les insectes; 3° chez les mollusques.

87.

Du système nerveux chez les animaux sans vertèbres. Indication des principaux dépôts houillers de la France.

88.

Système nerveux des animaux articulés et des mollusques.

89.

De l'appareil tégumentaire et de ses dépendances dans les principales classes du règne animal.

90.

Structure de l'œil chez les divers animaux.

91.

Appareil de l'audition dans les cinq classes d'animaux vertébrés. Structure des feuilles.

92.

Mode d'organisation des oiseaux.

93.

Caractères généraux des oiseaux. Leur division en six ordres.

94.

Principaux groupes des oiseaux. Leur division en six ordres. Exemples choisis dans les espèces les plus vulgaires.

95.

Des gallinacés en général. Exemples choisis parmi les espèces les plus utiles.

96.

Des poissons. Leurs principaux groupes.

97.

De l'organisation des animaux de la classe des insectes.

98.

Métamorphoses des insectes.

99.

Des métamorphoses chez les insectes et les autres espèces d'animaux.

100.

Rapports des êtres vivants avec l'air atmosphérique. Organe à l'aide desquels ces rapports s'établissent.

BOTANIQUE.

101.

Des parties élémentaires ou tissus qui composent les plantes. Composition chimique de ces tissus.

102.

Organes élémentaires et principaux tissus des végétaux ; leur développement.

103.

Des vaisseaux de la séve dans les plantes.

104.

Structure et développement de la racine.

105.

Les organes de la plante. Les racines, leur structure, leurs modifications et leurs fonctions.

(Sujet développé.)

106.

Description de la racine, son mode de développement, son anatomie dans les trois embranchements du règne végétal. En indiquer les principales formes.

107.

Des organes de nutrition qui constituent les végétaux, c'est-à-dire de la tige, des feuilles et de leurs principales modifications.

108.

Structure de l'écorce.

109.

Structure et mode d'accroissement des tiges.

110.

Tige. Structure et son développement dans les végétaux dicotylédones.

111.

Structure et mode d'accroissement de la tige ligneuse des dicotylédones; circulation de la séve.

112.

Structure de la tige des dicotylédonées et des monocotylédonées.

113.

Des feuilles et de la tige dans les plantes; de leurs principales modifications.

114.

Structure et fonctions des feuilles.

115.

Structure des feuilles et phénomènes de la respiration chez les plantes.

116.

Organes respiratoires des plantes.

117.

Description d'une fleur complète. Du calice, de la corolle et de leurs modifications essentielles.

(Sujet développé.)

118.

Organisation de la fleur. Fécondation.

119.

Fleur. Organes qu'elle comprend; leur rôle et leur situation relative.

120.

De la fleur : fécondation.

121.

Description de l'étamine et du pollen.

122.

Fonctions des étamines et des carpelles. Circonstances qui peuvent influer sur la floraison et sur la fécondation.

123.

Types généraux de l'inflorescence et ses principales sortes avec des exemples.

124.

Description du périanthe.

125.

Reproduction des végétaux. Modes divers de la fleur. Inflorescence.

126.

De l'ovaire des végétaux et des fruits.

127.

Structure et développement de l'embryon.

128.

Développement des ovules après la fécondation.

129.

Développement et structure du fruit.

130.

Organisation du fruit et de la graine.

131.

Organisation du péricarpe et de la graine.

132.

Graine, son organisation, sa germination.

133.

Graine; son organisation et rôle des diverses parties qu'elle peut présenter ; conditions essentielles pour sa germination.

134.

Divers modes de reproduction des plantes.

135.

Organes reproducteurs des plantes. Fécondation.

136.

Organes de la nutrition des plantes.

137.

Structure et fonctions des organes floraux essentiels.

138.

Séve, son origine, sa circulation et les faits qui la prouvent.

139.

Comparaison, au point de vue chimique, des fonctions de nutrition, et plus particulièrement de la respiration chez les plantes et les animaux.

140.

Des phénomènes chimiques de la respiration chez les animaux et les végétaux.

(Sujet développé.)

141.

Organes de la respiration chez les plantes aériennes et chez les plantes aquatiques.

142.

Système de Linné. Différence entre les classifications artificielles et les classifications naturelles.

143.

Division générale des plantes en trois grands embranchements, d'après la structure de l'embryon, et division de ces embranchements en classes.

144.

Classification naturelle et artificielle ; méthode d'A. L. de Jussieu ; système de Linné.

145.

Comparaison de la structure des dicotylédones, des monocotylédones, des açotylédones; leurs caractères généraux.

146.

Caractères généraux des plantes acotylédonées ou cryptogames et de quelques-unes de leurs familles. De la famille des champignons.

147.

Exposer la structure anatomique et le mode de développement dans les dicotylédones ligneux.

148.

Caractères généraux des plantes monocotylédones. Familles les plus importantes. Les graminées.

(Sujet développé.)

GÉOLOGIE.

149.

Succession générale des êtres organisés. Causes auxquelles sont dus les changements de forme de la surface terrestre pendant les diverses périodes géologiques.

150.

Ordre de succession des principaux terrains stratifiés.

151.

Succession générale des êtres organisés; changement de la forme de la surface du globe pendant les diverses périodes géologiques.

152.

Constitution générale des parties solides de la surface de la terre; disposition des roches, leur nature et leur mode de dépôt.

153.

Des volcans : leur structure et leurs principaux produits.

154.

De la chaleur centrale.

155.

Notions sur la température intérieure du globe : faits sur lesquels s'appuient ces notions.

156..

Des sources.

157.

Des sources thermales et des puits artésiens.

158.

Division géologique des terrains. Des terrains anciens antérieurs au calcaire carbonifère : de leur disposition, de leur origine et de leurs principaux fossiles.

159.

Principales divisions géologiques de l'écorce solide du globe.

160.

Des terrains volcaniques actuels et anciens.

161.

Position géologique du terrain houiller.

162.

Du terrain houiller : de ses principaux fossiles et de ses débris organiques.

(Sujet développé.)

163.

Indications sommaires de l'ordre de superposition des principaux terrains secondaires.

164.

Des terrains secondaires, grès bigarrés, sel gemme et gypse ; des terrains jurassiques.

165.

Terrains tertiaires composant les environs de Paris.

166.

Du terrain parisien et de ses corps organisés fossiles.
(Sujet développé.)

167.

Place occupée par le terrain crétacé dans la série des terrains sédimentaires.

168.

Succession des animaux vertébrés dans les diverses époques géologiques.

169.

Animaux les plus remarquables de la période jurassique.

170.

Des divers combustibles minéraux et de leur position géologique.

SUJETS DÉVELOPPÉS.

7.

Système dentaire de l'homme.

Chez l'homme, le système dentaire est formé de trente-deux dents, que l'on divise en incisives, canines, molaires ou mâchelières.

Les dents sont logées dans les alvéoles des mâchoires par leurs racines. La partie qui est en dehors des alvéoles et des gencives se nomme couronne. La racine est séparée de la couronne par le collet. C'est la pulpe dentaire, organe charnu situé dans les os maxillaires, qui donne naissance à la dent, qui la fait vivre et sentir. Cette pulpe est d'autant plus développée que l'homme est plus jeune; elle disparaît avec l'âge. Elle communique à travers la racine avec des vaisseaux qui la nourrissent et avec des filets nerveux qui la rendent sensible; elle est enveloppée par une matière dure et corticale qu'elle a formée. Cette matière corticale est composée de deux parties : l'une interne, nommée ivoire; l'autre externe, nommée émail, servant à protéger l'ivoire. La racine est dépourvue d'ivoire, mais est recouverte par le sément, substance osseuse.

Les incisives, comme leur nom l'indique, sont destinées à couper les aliments; elles se terminent à cet effet par une lame mince et tranchante. Elles occupent le devant des mâchoires, n'ont qu'une seule racine et sont au nombre de huit : quatre à la mâchoire supérieure, quatre à l'inférieure.

Les canines ont une couronne conique; elles ne peuvent servir qu'à déchirer les aliments; elles sont à racine simple, situées sur les côtés à la suite des incisives, qu'elles dépassent, et au nombre de quatre, deux pour chaque mâchoire.

Les molaires se terminent par une surface inégale supportant des espèces de tubercules propres à la mastication. Leur disposition montre que l'homme est omnivore. Les molaires, au nombre de vingt, se divisent en petites ou fausses et en grosses molaires. Il y a de chaque côté, à chaque mâchoire, deux petites molaires, ayant deux tubercules à la couronne et deux racines; il y a de même de chaque côté et à chaque mâchoire trois grosses molaires ayant quatre tubercules et trois ou quatre racines. On voit que ces dents sont douées d'une grande solidité et peuvent facilement broyer les aliments.

Chez l'homme, le système dentaire n'est pas développé à la naissance. Aucune dent n'a encore percé la gencive. Cette évolution ne commence ordinairement qu'à l'âge de six mois à un an. Ces dents, au nombre de vingt, sont nommées dents de première dentition ou de lait, et ne comptent à chaque mâchoire que quatre incisives, deux canines et quatre molaires. Elles commencent à tomber vers l'âge de sept ans et sont peu à peu remplacées par les dents de seconde dentition. Les deux premières grosses molaires apparaissent ordinairement à l'âge de sept ans, les deux dernières grosses molaires ou dents de sagesse ne se montrent qu'à l'âge de dix-huit à trente ans. Chez les vieillards, les dents finissent par tomber, mais ne sont pas remplacées, et les alvéoles s'oblitèrent.

Tableau résumé du système dentaire chez l'homme.

Système dentaire. . .	8 incisives.		Racine simple.
	4 canines.		
	20 molaires.	8 petites.	Racine multiple.
		12 grosses.	

10.

De la composition et des usages du sang.

Le sang est un liquide particulier qui nourrit le corps de l'homme et des animaux en déposant dans leurs organes les matières propres à leur formation et à leur entretien : aussi lui a-t-on donné le nom de liquide nourricier. Le sang est rouge chez presque tous les animaux supérieurs, c'est-à-dire chez ceux dont la structure se rapproche le plus de celle de l'homme. Il est blanc chez la plupart des autres, quelquefois rose, vert, jaune, lilas, etc.

Le sang rouge est formé de deux parties distinctes : le sérum et les globules.

Le sérum est un liquide transparent, d'une couleur jaunâtre, tenant en suspension des parties solides. Il est composé d'eau où se trouvent en dissolution de l'albumine, des phosphates et carbonates de chaux, de soude, de magnésie, de l'acide carbonique libre, de l'oxygène, de l'azote, des acides oléique, margarique, des matières grasses phosphorées, de la fibrine..... Les globules, renfermés dans une enveloppe incolore, contiennent un liquide formé d'hématosine, matière colorante rouge composée de carbone, d'azote, d'hydrogène, d'oxygène et d'un peu de fer. Quelque grande que soit cette complication du sang, elle est encore bien au-dessous de la réalité. L'énumération précédente suffit pour faire voir que le sang nourrit les organes du corps : car les os contiennent des phosphates et carbonates de chaux ; les muscles sont constitués par la fibrine, et les tissus sont formés en grande partie par de l'albumine.

Les globules du sang chez l'homme et la plupart des mammifères, sauf peu d'exceptions, sont circulaires, aplatis, entourés d'une espèce de bordure de couleur plus foncée et présentant une tache centrale moins saillante que le bord. Ils sont minces, opaques, et ont un diamètre égal environ à la cent vingtième partie d'un millimètre : aussi sont-ils toujours microscopiques. Chez les oiseaux, les poissons et surtout chez les reptiles, ils sont elliptiques et plus grands que chez les mammifères.

Outre les globules rouges, on aperçoit dans le sang, à l'aide du microscope, d'autres corpuscules incolores d'une forme sphérique, ayant une certaine analogie avec les globules du chyle.

Les proportions des diverses matières constitutives du sang sont très-variables. Le sang de l'homme contient à peu près soixante-dix-neuf parties d'eau, dix-neuf centièmes d'albumine, un centième de sels, et quelques millièmes seulement de fibrine et d'hématosine. Le sang des poissons et des reptiles est plus riche en eau; celui des oiseaux l'est moins. Les quantités relatives de globules et de sérum sont aussi très-variables, non-seulement dans les différentes classes d'animaux, mais encore chez les différents individus d'une même espèce.

Quand on extrait le sang de l'intérieur du corps d'un animal vivant et qu'on l'abandonne à lui-même, il se transforme en deux parties : l'une liquide, qui n'est autre que le sérum; l'autre solide, rouge, opaque, à laquelle on donne le nom de caillot. Ce phénomène, connu sous le nom de coagulation du sang, est dû à la présence de la fibrine en dissolution dans le sérum.

Le sang présente des différences dans sa température, qui est indépendante des circonstances extérieures et constante chez les animaux les plus parfaits ou animaux à sang chaud, et qui chez les autres, nommés animaux à sang froid, varie suivant la température extérieure.

Chez l'homme, la température du sang est, en moyenne, de trente-sept degrés centigrades. Chez les autres mammifères elle varie entre trente-six et quarante, et chez les oiseaux entre quarante et quarante-deux.

Le sang sert non-seulement à l'entretien de la vie en nourrissant les organes et en réparant leurs pertes, mais encore il produit sur les organes une excitation sans laquelle la vie ne saurait s'y maintenir. Cette importance des globules du sang sur les organes vivants est prouvée par l'opération connue sous le nom de transfusion du sang. L'influence de ce liquide sur la nutrition est aussi démontrée d'une manière irrécusable: arrêtez, en effet, la circulation du sang dans un organe du corps, vous verrez cet organe diminuer sensiblement et se flétrir, tandis que celui qui reçoit d'autant plus de sang qu'il accomplit plus de travail augmente de volume et de force. On sait, du reste, que lorsqu'on enlève une partie du sang au corps d'un animal, on voit cet animal tomber dans un état d'affaiblissement très-souvent voisin de la syncope.

Le sang qui, après avoir traversé les poumons, devient propre à entretenir la vie, est nommé sang artériel : il est alors rouge vermeil; quand il a perdu ses propriétés vivifiantes, et avant qu'il soit revenu dans les organes respiratoires, il est nommé sang veineux ou sang noir.

- Composition du sang.
  - Sérum. . . . .
    - Eau.
    - Albumine.
    - Lactate de soude.
    - Chlorures de sodium et de potassium.
    - Phosphate de soude.
    - Sels solubles.
    - Matières extractives.
  - Caillot. . . . .
    - Fibrine.
    - Globules rouges.
    - — blancs.

- Principales différences entre le sang artériel et le sang veineux.
  - Sang artériel.
    - Rouge vermillon.
    - Contient beaucoup de fibrine et de globules.
    - Renferme des sels en assez grande quantité.
    - Renferme environ 38 parties d'oxygène pour 100 d'acide carbonique.
    - Est très-coagulable et a la même composition dans tout le système artériel

Principales différences entre le sang artériel et le sang veineux.	Sang veineux.	Rouge brun. Contient beaucoup d'albumine et d'eau. Renferme environ 22 parties d'oxygène pour 100 d'acide carbonique. Est peu coagulable et a la même composition dans différents points du système veineux.

13.

Squelette : indication des pièces qui entrent dans sa composition.

Le squelette humain est la partie osseuse du corps comprenant l'appareil de locomotion. Les os sont composés d'une trame cartilagineuse, organique, vivante, espèce de parenchyme formé par de la gélatine, dans les interstices duquel se dépose une matière calcaire et terreuse qui n'est autre que du carbonate et du phosphate de chaux. La quantité de phosphate augmente avec l'âge, et la partie cartilagineuse est d'autant plus abondante que l'homme est plus rapproché de l'époque de sa naissance.

Le squelette se décompose en trois parties principales : la tête, le tronc et les membres.

La tête comprend le crâne et la face.

Les os du crâne, à l'exception de l'ethmoïde, ont la forme de grandes lames minces, d'une texture très-compacte, s'articulant entre elles de manière à être complétement immobiles et à donner au crâne une grande solidité. Le crâne a la forme ovalaire. C'est une boîte osseuse qui occupe toute la partie supérieure et postérieure de la tête, où logent le cerveau et le cervelet. Il se compose de huit os principaux : le frontal en avant, les deux pariétaux en haut et sur les côtés, les deux temporaux sur les côtés, l'occipital en arrière, le sphénoïde et l'ethmoïde en bas. La base est percée de plusieurs ouvertures, parmi lesquelles il convient de citer celle qui donne passage à la moelle épinière.

La face présente cinq grandes cavités destinées à contenir et à protéger les organes de la vue, du goût et de l'odorat. Elle est formée de quatorze os de formes très-diverses. Ces os sont immobiles et s'articulent entre eux ou avec les os du crâne, à l'exception de la mâchoire inférieure, qui est mobile. Les os de la face sont les os malaires, les os nasaux, les unguis, les deux os maxillaires supérieurs, les os palatins, qui s'articulent en arrière avec le sphénoïde; les cornets inférieurs, le vomer; et enfin le maxillaire inférieur, qui est d'une seule pièce, en forme de fer à cheval. La tête se compose donc essentiellement de vingt-deux os.

Le tronc est formé par un axe central appelé colonne vertébrale, par les côtes et le sternum.

La partie la plus importante du tronc, celle qui sert de soutien au reste du squelette, est la colonne vertébrale, constituée par trente-trois vertèbres se divisant en sept vertèbres cervicales, douze dorsales, cinq lombaires et neuf autres soudées ensemble et formant deux os : le sacrum et le coccyx.

Une vertèbre se compose en avant d'une masse cylindroïde que l'on appelle corps de la vertèbre, et qui donne naissance à deux prolongements osseux se réunissant en arrière et formant ainsi le trou vertébral par où passe la moelle épinière. En arrière et sur les parties latérales de ce trou sont des saillies osseuses ou apophyses destinées à fournir insertion aux muscles qui meuvent la colonne ou à unir la vertèbre aux deux voisines. C'est la série de ces apophyses qui forme ce qu'on appelle vulgairement l'épine dorsale.

Chacune des douze vertèbres dorsales porte une paire d'arceaux, très-longs et aplatis, nommés côtes, qui se recourbent autour du tronc en formant les parois latérales du thorax. Les côtes, au nombre de sept paires, se réunissent en avant à un os plat que l'on appelle sternum : ce sont les vraies côtes. Cinq autres paires nommées fausses côtes se fixent les unes sur les autres en remontant vers le sternum..

Les membres complètent la partie osseuse formée par la colonne vertébrale, les côtes et le sternum. Ils sont au nombre de quatre : deux supérieurs ou thoraciques, deux inférieurs ou abdominaux.

Les membres supérieurs se composent de l'épaule, du bras, de l'avant-bras et de la main.

L'épaule est formée de deux os. L'omoplate, grand os plat, occupant la partie supérieure et externe du dos, s'applique sur les côtes. A l'omoplate est articulée la clavicule, qui se lie au sternum.

Le bras se compose d'un seul os long, nommé humérus, dont l'extrémité supérieure s'articule avec l'omoplate et dont l'extrémité inférieure, élargie en forme de poulie, se lie à l'avant-bras.

L'avant-bras est formé de deux os : le radius et le cubitus. Le cubitus est en dedans, le radius en dehors. Ils sont placés parallèlement et ne se touchent que par leurs extrémités.

La main, suspendue à l'extrémité inférieure du radius, se compose du carpe, du métacarpe et des doigts. Le carpe ou poignet est formé d'une double rangée de huit petits os. Le métacarpe se compose de cinq os, désignés sous le nom de premier, deuxième, troisième, quatrième et cinquième métacarpien. Chacun d'eux porte un doigt. Le cinquième, qui porte le pouce, est détaché du reste du métacarpe à son extrémité antérieure et se meut librement sur le carpe, ce qui rend le pouce opposable. Les doigts sont divisés en phalanges articulées les unes sur les autres ; le pouce n'en a que deux, les autres doigts en ont trois. Les doigts sont successivement, après le pouce, l'index, le médius, l'annulaire et l'auriculaire.

Les membres inférieurs ont une très-grande analogie avec les supérieurs, à l'exception de la jambe, qui diffère de l'avant-bras. Ils se composent de la hanche, de la cuisse, de la jambe et du pied.

La hanche est formée de chaque côté par un os plat nommé os iliaque. Ces deux os s'articulent en arrière avec le sacrum et se réunissent en avant sous forme d'arcade nommée pubis. Ils constituent ainsi une large ceinture osseuse qui termine inférieurement l'abdomen et qui, à cause de sa forme évasée, est appelée bassin.

La cuisse ne se compose que d'un seul os, le fémur. Les extrémités du fémur s'articulent en haut avec la hanche, près du col du fémur, et en bas avec la jambe.

Celle-ci, outre deux os principaux, le péroné en dehors, le tibia en dedans, renferme un troisième os nommé rotule, situé au-devant de l'articulation du fémur avec le tibia.

Au tibia s'attache le pied. L'extrémité inférieure du péroné constitue la cheville ou malléole externe.

Le pied, comme la main, est formé de trois parties : le tarse, le métatarse et les doigts ou orteils.

Le tarse, composé de sept os, s'articule avec la jambe au moyen d'un seul os nommé astragale. Ce dernier repose sur le calcanéum, qui forme le talon.

Les os du métatarse sont au nombre de cinq. Ils sont plus forts et moins mobiles que ceux du métacarpe. Ils sont désignés sous le nom de première, deuxième, troisième, quatrième et cinquième métatarsien. Ils portent à chacun un orteil divisé en phalanges, comme les doigts de la main. Le gros orteil, ou pouce du pied, n'est pas détaché des autres et ne peut leur être opposé.

Enfin, on appelle os sésamoïdes de petits os courts qui se développent dans l'épaisseur des tendons, autour des articulations. Quelques-uns sont constants et parmi eux nous citerons la rotule, développée dans le tendon du muscle triceps, et l'os hyoïde qui est situé et comme suspendu à la partie antérieure du cou.

Tableau représentant les 14 os de la face dans leur position respective.

Malaire.	Os nasaux. Unguis. Maxillaire supérieur. Palatin.	Cornet inférieur.	Vomer.	Cornet inférieur.	Os nasaux. Unguis. Maxillaire supérieur. Palatin.	Malaire.
			Maxillaire inférieur.			

Tableau résumant succinctement le squelette de l'homme.

Trois parties principales.

- Tête....
  - Crâne, 8 os principaux :
    - 1 frontal.
    - 2 pariétaux.
    - 2 temporaux.
    - 1 occipital.
    - 1 sphénoïde.
    - 1 ethmoïde.
  - Face, 14 os principaux :
    - Os maxillaires supérieurs.
    - Os nasaux.
    - Os malaires.
    - Os palatins.
    - Os maxillaire inférieur.
- Tronc....
  - Colonne vertébrale, 33 vertèbres.
    - 7 cervicales.
    - 12 dorsales.
    - 5 lombaires.
    - 9 (*soudées ensemble*).
      - Sacrum.
      - Coccyx.
  - Thorax.........
    - 12 paires de côtes.
    - 1 sternum.
- Membres. .
  - thoraciques ou supérieurs.
    - Épaule.....
      - Omoplate.
      - Clavicule.
    - Bras......
      - Humérus.
    - Avant-bras...
      - Cubitus.
      - Radius.
    - Main......
      - Carpe.
      - Métacarpe.
      - Doigts.
  - abdominaux ou inférieurs.
    - Hanche.....
      - Os iliaques.
    - Cuisse.....
      - Fémur.
    - Jambe.....
      - Tibia.
      - Péroné.
    - Pied......
      - Tarse.
      - Métatarse.
      - Orteils.

Os sésamoïdes : Rotule, os hyoïde.

19.

Structure de la peau chez l'homme.

La peau, organe essentiel du sens du toucher, est la portion extérieure ou la membrane tégumentaire qui revêt, sans solution de continuité, la surface extérieure du corps et celle des cavités creusées dans son intérieur, mais communiquant avec le dehors.

Elle se compose de deux couches principales superposées : le derme ou chorion, et l'épiderme, qui recouvre le derme s'use et se régénère.

Le derme est la partie la plus profonde et la plus épaisse de la peau. Il est très-résistant, souple et d'une couleur blanchâtre. Il est traversé par de nombreux vaisseaux sanguins et a une grande sensibilité, due aux saillies rougeâtres qui hérissent sa surface et qui sont nommées papilles de la peau; elles se trouvent en séries régulières dans la paume de la main, l'extrémité des doigts, la plante des pieds. C'est dans ces papilles que viennent s'épanouir des filaments nerveux, en plus ou moins grand nombre, sous forme de houppes. Ces nerfs, qui partent de la moelle épinière ou de la base du cerveau, transmettent les sensations du tact. La face interne du derme est unie aux parties voisines par une couche plus ou moins épaisse de tissu connectif et donne attache à des fibres musculaires qui servent à le mouvoir.

L'épiderme, sur la peau intérieure, est toujours mou et peu distinct. A l'extérieur, il se forme par le dessèchement d'utricules qui naissent sur le derme : il met obstacle à l'évaporation des liquides contenus dans le corps, protége le derme et se moule sur sa surface. Il n'est pas sensible; il est dense, imperméable, et composé d'utricules plus ou moins aplaties. Il porte une multitude de petites ouvertures nommées pores de la peau, ne traversant pas le derme, mais correspondant à ses papilles et donnant passage à la sueur. Les poils sortent par d'autres ouvertures plus grandes situées également à la surface de l'épiderme.

La partie la plus interne de l'épiderme est formée d'une couche molle conservant le pigment qui donne de la couleur à la peau. Les vaisseaux sanguins et lymphatiques qui s'épanouissent, comme nous l'avons déjà dit, à la surface du derme, donnent par leur réunion une grande mollesse à cette couche, que beaucoup d'anatomistes regardent comme une membrane particulière et nomment corps muqueux, réseau muqueux, tissu papillaire de la peau. Dans cette hypothèse, le derme devrait à ce corps son exquise sensibilité.

Dans le tannage, on enlève l'épiderme de la peau de certains animaux et on ne conserve que le derme, qui constitue le cuir.

La peau renferme des organes accessoires qui sont : 1° les *follicules sébacés*, petites ampoules qui sécrètent une matière huileuse et s'ouvrent à l'extérieur par un très-petit orifice; 2° les *ongles*, lames de tissus corné, naissant dans un repli de la peau à l'extrémité des doigts et des orteils; 3° les *follicules pileux*, qui sécrètent la matière formant la série des cornets épidermiques dont les poils sont formés; 4° enfin les *glandes sudorifères*, qui fournissent le liquide connu sous le nom de sueur.

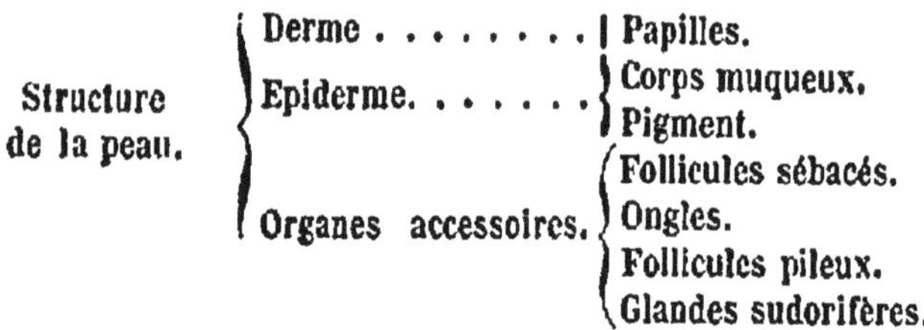

Structure de la peau.	Derme	Papilles.
	Epiderme.	Corps muqueux.
		Pigment.
	Organes accessoires.	Follicules sébacés.
		Ongles.
		Follicules pileux.
		Glandes sudorifères.

22.

Description de l'œil humain et des organes accessoires de la vision : muscles, glandes lacrymales, etc.... Négliger la théorie physique de l'œil.

Chez l'homme, l'organe de la vue constitue un appareil symétrique placé dans deux cavités osseuses de la face, que l'on nomme *orbites* ou *cavités orbitaires.* L'orbite maintient et protége l'œil ; elle est formée par les os du crâne (frontal, sphénoïde, ethmoïde) et les os de la face (maxillaire supérieur, malaire, lacrymal). Cette cavité ressemble à un cône creux dont la base est continue avec la surface du visage. Le nerf optique pénètre par le sommet de la cavité et se rend dans le globe de l'œil, qui en occupe la partie élargie.

L'appareil qui constitue le sens de la vue peut se diviser en deux ordres d'organes : l'organe spécial de la vision ou le *globe oculaire*, et les organes accessoires ou de protection.

Organe spécial de la vision. — *L'œil* est l'organe spécial de la vision ; il est de forme sphérique, d'un diamètre de 25 millimètres environ et d'un poids de 7 à 8 grammes chez l'homme. Il est composé de membranes et de milieux transparents.

Les membranes sont au nombre de trois. La plus extérieure, la *sclérotique*, est épaisse, blanche et très-opaque ; elle est d'une nature fibreuse ; c'est ce que l'on appelle vulgairement le blanc de l'œil. En avant, elle offre une ouverture circulaire dans laquelle s'enchâsse une membrane également fibreuse, mais parfaitement diaphane, la *cornée transparente* qui est un peu convexe par rapport à la courbure générale de l'œil.

La membrane du milieu, la *choroïde*, est beaucoup moins épaisse que la précédente ; elle est tapissée intérieurement par de nombreux vaisseaux sanguins et plus intérieurement encore par du *pigment,* matière colorante noire. A mesure que la choroïde s'approche de la cornée, elle devient plus épaisse, et au point où la sclérotique se joint à la cornée, elle forme un cercle connu sous le nom de *ligament ciliaire;* à la partie antérieure de l'œil, elle constitue un diaphragme nommé *iris*, qui se tend derrière la cornée. L'iris est diversement coloré suivant les individus; c'est une cloison percée à son centre d'un orifice circulaire nommé la *pupille.* Cet orifice sert au passage des rayons lumineux ; pourvu de fibres contractiles, il se dilate quand on regarde un objet éloigné ou peu éclairé et se rétrécit dans le cas inverse (vive lumière, objet proche). Lorsque la lumière est très-vive, l'iris se contracte et rend ainsi la pupille très-petite; dans les lieux obscurs, il se relâche et par conséquent la pupille augmente.

La *rétine* est la membrane la plus intérieure de l'œil; elle est grisâtre, molle, transparente et est douée d'une sensibilité exquise et spéciale; c'est sur elle que vient se peindre en miniature l'image des objets extérieurs. La rétine n'a sa sensibilité spéciale que par les organes terminaux des fibres du nerf optique, organes appelés *cônes* et *bâtonnets;* aussi la *pupille*, point d'entrée du nerf optique et commencement de son épanouissement, est-elle insensible à la lumière et a-t-elle reçu pour cette raison le nom de *punctum cæcum.* La partie la plus sensible de la rétine est la *tache jaune* placée exactement au pôle postérieur de l'œil, et remarquable par sa richesse en cônes.

Une partie très-intéressante et très-importante de l'œil est le *cristallin.* C'est une lentille biconvexe, un peu plus bombée en avant qu'en arrière, très-transparente, formée de couches concentriques dont la densité et la dureté vont croissant de la circonférence au centre. Elle est enveloppée par une membrane transparente, la *capsule cristalline.* Le cristallin est placé verticalement derrière l'iris, et à très-peu de distance de cette membrane; il est maintenu par un grand nombre de replis formés par la choroïde et que l'on nomme *procès ciliaires.* Le cristallin réfracte les rayons lumineux et grâce aux changements de courbure que lui imprime un petit organe placé devant lui, le *muscle ciliaire*, il préside à l'accommodation, c'est-à-dire au phénomène qui permet de voir à des distances variées.

On appelle *chambre antérieure* de l'œil, l'espace compris entre la cornée et l'iris, et *chambre postérieure*, l'espace compris entre l'iris et le cristallin. Ces deux chambres communiquent par la pupille. Elles sont remplies d'un liquide incolore composé principalement d'eau tenant en dissolution une petite quantité d'albumine et quelques sels, c'est l'*humeur aqueuse*. Enfin, dans toute la partie postérieure de l'œil, derrière le cristallin, se trouve un liquide parfaitement transparent et composé d'une matière gélatineuse, c'est l'*humeur vitrée*. Ce liquide est enveloppé par une membrane d'une ténuité et d'une transparence extrêmes, la membrane *hyaloïde* qui envoie des prolongements lamelleux qui divisent sa cavité en un grand nombre de cellules.

Organes accessoires ou de protection. — L'œil est mis en mouvement par six muscles qui s'insèrent d'une part sur la sclérotique, d'autre part à la partie postérieure des os de l'orbite. Quatre servent à porter l'œil en haut, en bas, en dedans, en dehors (muscles droits supérieur, inférieur, interne, externe). Deux sont affectés au mouvement de rotation (le grand et le petit oblique).

A la partie supérieure et à la partie inférieure de l'œil, la peau forme deux replis connus sous le nom de *paupières ;* la partie interne de ces replis est tapissée par une membrane muqueuse nommée *conjonctive*. Les paupières sont destinées à protéger l'œil et sont mises en mouvement par des muscles particuliers. Le bord libre des paupières est formé par une lame cartilagineuse garnie de poils désignés sous le nom de *cils,* qui servent à arrêter les rayons lumineux qui pénétreraient trop obliquement dans l'œil, ainsi que les corps étrangers qui pourraient venir blesser la cornée ; chacun de ces cils prend naissance dans un bulbe auquel sont annexées deux petites glandes que l'on nomme *glandes ciliaires*. Entre la muqueuse et le cartilage du bord libre des paupières, il existe des follicules qui sécrètent une humeur particulière qu'on appelle *chassie*, lorsqu'elle est épaissie et desséchée, comme cela arrive souvent après le sommeil. Les glandes qui sécrètent cette humeur s'appellent les glandes de *Méibomius*. D'autres poils, les *sourcils*, implantés dans la peau épaisse de l'arcade sourcilière (limite supérieure de l'orbite), servent à empêcher la sueur qui coule du front d'arriver dans l'œil.

Enfin, une glande, la glande *lacrymale* située sous la voûte de l'orbite, au-dessous de l'œil, verse continuellement, par six ou huit canaux, les *larmes* qui servent à lubrifier sans cesse la surface de l'œil, au-devant duquel elles se répandent uniformément; une partie s'évapore, l'autre se rend dans l'angle interne de l'œil, et de là, coule dans les fosses nasales en traversant le *canal* et le *sac* lacrymal. Le canal lacrymal prend naissance à deux orifices, les *points lacrymaux*, situés à l'angle interne de l'œil ; de là, il se rend dans le sac lacrymal qui se vide dans les narines au-dessous du cornet inférieur. La sécrétion des larmes est plus ou moins abondante suivant certaines causes accidentelles; ainsi les irritants, les gaz, les corps étrangers augmentent beaucoup cette sécrétion : il en est de même des émotions morales vives.

Telle est la constitution de l'œil humain; elle présente d'assez grandes modifications chez les animaux.

- **Sens de la vue.**
  - Organe spécial de la vision.
    - Membranes du globe oculaire.
      - Sclérotique.
      - Cornée.
      - Choroïde. . . . . . .
        - Procès ciliaires. Appareil de l'accommodation, muscle ciliaire.
      - Iris.
      - Rétine . . . .
        - Cônes et bâtonnets.
        - Punctum cœcum, tache jaune.
    - Milieux transparents du globe oculaire.
      - Corps vitré . . . . .
        - Membrane hyaloïde.
      - Cristallin. . . . . . .
        - Capsule cristalloïde.
      - Humeur aqueuse.
  - Organes accessoires de la vue. . . . .
    - Sourcils.
    - Paupières. . . . . .
      - Cartilage tarse.
    - Cils . . . .
      - Glandes ciliaires.
      - Glandes de Méibomius.
    - Conjonctive.
    - Appareil moteur . .
      - Muscle droit supérieur.
      - — inférieur.
      - — interne.
      - — externe.
      - Muscles obliques.
    - Appareil lacrymal. .
      - Glande lacrymale.
      - Conduits lacrymaux.
      - Points lacrymaux.
      - Sac lacrymal.
      - Canal nasal.

36.

Caractères généraux des reptiles; leur division en trois ordres.

Les reptiles appartiennent à la troisième classe des animaux vertébrés. Ces animaux sont ovipares, à cloaque; leur sang est froid. Leur respiration est pulmonaire, comme celle des mammifères et des oiseaux; mais elle est incomplète : car, à l'exception des crocodiles, ils n'ont qu'un seul ventricule et deux oreillettes; en sorte qu'une partie de leur sang veineux, venant de l'oreillette droite sans avoir passé par les poumons, se mêle au sang artériel venant des poumons par l'oreillette gauche et retourne dans les organes sans avoir été revivifié. Leur peau est couverte d'écailles. Ils ont, en général, les ophidiens exceptés, quatre pattes, mais ils semblent ne marcher qu'en rampant, ce qui tient à ce que leurs pattes sont placées normalement à l'axe du corps. Quelques-uns, nommés dragons, ont des ailes comme les chauves-souris; ils ne peuvent s'en servir pour voler. Les reptiles ont un appareil auditif très-peu développé et un odorat presque nul; leur langue est ordinairement mince, très-protractile et bifurquée vers le bout. L'incubation de leurs œufs se fait en général par la chaleur solaire. Les reptiles sont presque tous carnivores; ils avalent leur proie vivante sans la diviser, leurs dents n'étant propres qu'à retenir leur proie; leur digestion les plonge dans un engourdissement profond.

Les reptiles se divisent en trois ordres : les chéloniens, les sauriens et les ophidiens.

Les chéloniens ou tortues ont le corps renfermé dans une espèce de cuirasse dont la partie supérieure se nomme carapace et l'inférieure plastron. La carapace est formée par la réunion des côtes qui sont chez eux immobiles, et des vertèbres dorsales. Le plastron est un développement du sternum. Leur bouche, dépourvue de dents, a ses mâchoires recouvertes d'un bec corné. Ils ont deux paires de membres, deux thoraciques et deux abdominaux, et une queue assez courte. Ils n'introduisent l'air dans leurs poumons que par déglutition, car leur poitrine ne peut ni se dilater, ni se resserrer. Ils sont vivaces au point de conserver le mouvement plusieurs semaines après avoir eu la tête tranchée, et se nourrissent de petits insectes, surtout de végétaux. Les tortues se divisent en tortues de terre, tortues d'eau douce et de mer. Parmi les espèces de ces dernières tortues on remarque la tortue verte et le caret. Les œufs et la chair de la tortue verte sont très-estimés; l'écaille est le produit de la carapace des carets. Les tortues de terre ont la carapace bombée, des pattes grosses et tronquées; celles d'eau douce ont la carapace aplatie, des doigts allongés et palmés ; celles de mer ont les extrémités en forme de nageoires et la carapace incomplétement ossifiée.

Les sauriens ou lézards ont les côtes et les vertèbres dorsales mobiles. Ils ont quatre membres; leur corps allongé est terminé par une longue queue très-épaisse à sa base. Leur bouche est armée de dents et ne porte pas de bec corné. On n'y peut distinguer ni incisives, ni canines, ni molaires. Leur peau écailleuse se réduit souvent à des granulations, ce qui lui donne une grande souplesse. L'ordre des sauriens se divise en plusieurs familles, parmi lesquelles nous citerons les lézards, les crocodiles, les caïmans, les caméléons, et les orvets.

Les ophidiens ou serpents n'ont pas de membres. Ils rampent, c'est-à-dire qu'ils avancent ou reculent,par une série de flexions. Leur corps allongé et très-flexible, qui compte jusqu'à 229 vertèbres et autant de paires de côtes, est terminé par une queue. Leur langue, que l'on a improprement regardée comme un dard, est très-mobile et en général bifurquée. Leur mâchoire, armée de dents très-aiguës, peut se dilater considérablement. Ils se divisent en serpents venimeux et serpents non venimeux.

Les premiers comprennent les serpents à sonnettes ou crotales, les vipères et les trigonocéphales jaunes. Ces animaux ont à la mâchoire supérieure deux crochets mobiles et canaliculés. Chaque gencive porte un bourrelet où sont couchés ces crochets, qui se redressent quand le serpent ouvre la bouche. Le venin est sécrété par une glande située sur le côté de la tête et que les mâchoires compriment quand elles se ferment; il passe alors dans la dent caniculée et s'infiltre dans la plaie faite par les crochets. La mort dans ce cas est instantanée; mais le venin n'est pas caustique et on peut impunément l'avaler. L'œil des crotales est dépourvu de paupières; leur tête est large en arrière; leur ventre porte des plaques d'une seule pièce. A l'extrémité de leur queue se trouvent de petites écailles sèches formant une série de cornets épidermiques qui bruissent fortement quand l'animal se meut. Ils sont ovovivipares et habitent l'Amérique méridionale.

Les vipères ont des plaques ventrales doubles; leur venin est moins redoutable que celui des serpents à sonnettes, mais il cause encore de grandes perturbations dans l'organisme et peut même donner la mort. La succion d'une plaie causée par la morsure de la vipère et du crotale est sans danger. Quand on a été mordu par une vipère, il faut faire une incision en croix et assez profonde sur la plaie, que l'on cautérise ensuite soit à l'aide d'un fer chaud ou d'un charbon ardent, soit avec de l'ammoniaque ou de la potasse. La vipère commune, que l'on rencontre en France et aux environs de Paris, est brune et n'a sur la partie supérieure de la tête que des granulations; elle a une longueur de soixante à soixante-dix centimètres. L'aspic, dont les taches du dos forment de chaque côté de l'épine une double rangée de zigzags, est une variété de la vipère commune. Les petits de la vipère sont complétement formés quand la femelle dépose ses œufs. Souvent même ils sortent de leur enveloppe avant que l'œuf ait quitté le cloaque.

Les trigonocéphales ou vipères à fer de lance se trouvent aux Antilles, au Brésil, aux États-Unis et sur les bords de la mer Caspienne. Ils ont quelquefois deux mètres de longueur. Ils doivent leur nom à leur tête triangulaire.

Les serpents non venimeux comprennent les couleuvres et

les boas. Ils sont dépourvus de crochets, et par conséquent de venin. Leurs dents coniques et recourbées vers l'intérieur de la bouche ont un égal développement. Dans les couleuvres la face latérale de la tête est à peu près de niveau avec le cou, et la partie supérieure de cette tête porte des plaques lisses, assez étendues et symétriquement disposées ; c'est une particularité qui sert à les distinguer des vipères. Ils ont des plaques ventrales doubles. Dans nos climats, la couleuvre à collier porte trois taches blanches sur la nuque ; elle est cendrée et a des taches noires le long des flancs ; elle atteint une longueur d'un mètre. La couleuvre vipérine est brune, marquée de zigzags noirs sur le dos ; on peut facilement la confondre avec la vipère.

Les boas, comme les serpents à sonnettes, ont sous le ventre des écailles transversales formées d'une seule pièce. Ce sont, parmi les ophidiens, les animaux qui atteignent la plus grande dimension. Ainsi, le boa constrictor, originaire de la Guyane, a souvent de huit à dix mètres de longueur ; il doit son nom à ce qu'il brise sa proie dans ses replis, avant de l'avaler. Parmi les boas, il faut citer le python, qui se trouve dans l'Inde et couve ses œufs.

Tableau résumé de la classe des reptiles.

Les reptiles sont en général ovipares, à cloaque, à sang froid, à respiration pulmonaire incomplète ; ils n'ont que deux oreillettes et un seul ventricule ; leur peau est couverte d'écailles, les sens de l'ouïe et de l'odorat sont presque nuls. Ils se divisent en trois ordres.

1er Ordre. Chéloniens.	Tortues de terre.	
	— d'eau douce.	
	— de mer.	
2e Ordre. Sauriens. . .	Lézards.	
	Crocodiles.	
	Caïmans.	
	Caméléons.	
	Orvets.	
3e Ordre. Ophidiens . .	Venimeux. . . .	Vipères.
		Serpents à sonnettes.
		Trigonocéphales.
	Non venimeux. .	Couleuvres.
		Boas.

57.

De la circulation du sang dans les différentes classes d'animaux[1].

La circulation du sang a pour but de distribuer dans le corps le sang artériel, de ramener ce sang, devenu sang veineux, dans l'appareil respiratoire, où il reprend ses propriétés nutritives, et de le répandre de nouveau dans le corps.

La circulation du sang chez les animaux supérieurs est entretenue par le cœur, d'où il passe dans les artères et les veines, communiquant entre elles, à l'une de leurs extrémités, par les vaisseaux capillaires, et à l'autre par les cavités du cœur : il en résulte que le sang se meut comme dans un cercle pour revenir à son point de départ : aussi a-t-on donné à ce phénomène le nom de circulation.

Examinons cette circulation dans le cœur, les artères, les vaisseaux capillaires et les veines.

Le sang, après avoir pris dans les poumons ses propriétés nutritives, est versé, par le réseau capillaire respiratoire et les veines pulmonaires, dans l'oreillette gauche du cœur, qui, en se contractant, le chasse dans le ventricule gauche, d'où il se répand par l'aorte dans toutes les parties du corps, à l'aide de branches et de rameaux qui forment le réseau capillaire nutritif. De rouge ou artériel qu'il était, il devient noir et veineux en parcourant les veines et se rend par les veines caves dans l'oreillette droite du cœur, qui le pousse dans le ventricule droit, d'où, par l'artère pulmonaire, il passe dans les vaisseaux capillaires respiratoires qui le dis-

1. Les candidats doivent avoir soin de bien comprendre le sens de l'énoncé d'une question. Ainsi, dans celle qui nous occupe, on ne demande pas la description des *organes* de la circulation, mais on demande d'expliquer les phénomènes généraux de la circulation, son mécanisme et ses modifications dans l'ensemble du règne animal.

tribuent aux poumons. Le sang redevient alors sang artériel et la circulation recommence.

Ainsi, quand les oreillettes sont remplies de sang, elles se contractent pour le rejeter dans leurs ventricules, qui se remplissent ; les ventricules se contractent à leur tour pour le pousser soit dans l'artère pulmonaire, soit dans l'aorte, d'où il passe dans les poumons ou dans les artères pour traverser ensuite les vaisseaux capillaires respiratoires ou nutritifs.

Le sang se meut en s'éloignant du cœur dans les artères par l'effet des contractions de cet organe, de la respiration et de l'élasticité des parois artérielles. C'est à cette dernière propriété qu'est due la continuité de son mouvement. Dans les veines, le sang revient vers le cœur et se meut, ainsi que dans les vaisseaux capillaires, d'une manière lente et continue.

Quand tout le sang veineux est conduit dans l'appareil respiratoire pour y devenir sang artériel, la circulation est complète ; elle est double quand le sang passe deux fois dans le cœur ; elle est simple quand le sang artériel ne revient plus au cœur après avoir traversé l'appareil respiratoire.

Chez les mammifères et les oiseaux la circulation est double et complète, car chez eux il y a toujours, pour ainsi dire, deux cœurs adossés l'un à l'autre, ayant chacun une oreillette et un ventricule.

Chez les reptiles et les amphibiens en général, une portion du sang veineux se mêle, sans avoir traversé les poumons, au sang artériel dans le ventricule unique qui communique avec les deux oreillettes. La circulation est donc incomplète. Chez les crocodiles, le cœur est conformé à peu près de la même manière que chez les mammifères et les oiseaux. Cet organe a bien deux oreillettes et deux ventricules ; mais le mélange du sang artériel et du sang veineux se fait à quelque distance du cœur par l'effet d'une disposition particulière des artères.

Les poissons ont un cœur simple, à un seul ventricule et à une seule oreillette. Cet organe, ne recevant que du sang veineux, le chasse par l'artère branchiale dans les branchies, où il devient, au contact de l'air, sang artériel et d'où il se répand dans tout le corps. La circulation est donc simple.

Les mollusques ont un cœur généralement aortique au lieu d'un cœur pulmonaire, c'est-à-dire qu'il se trouve sur le parcours du sang artériel. Il en est de même des crustacés, qui n'ont qu'un seul ventricule. Le sang veineux se rend directement dans l'appareil respiratoire, où il devient sang artériel; de là il passe dans le cœur, qui le distribue à toutes les parties du corps, d'ou il se rend de nouveau dans l'appareil respiratoire.

Les annélides n'ont pas de cœur proprement dit; ce ne sont que les contractions des vaisseaux principaux qui mettent leur sang en mouvement.

Chez les insectes le mouvement est dû à la contraction d'un vaisseau dorsal situé sur la ligne médiane de leur corps. Ces animaux n'ayant en général ni cœur, ni artères, ni veines, ont une circulation très-irrégulière.

Enfin, chez les zoophytes, qui se nourrissent pour la plupart par imbibition, le sang est répandu dans la cavité de leur corps; il s'y meut même avec assez de rapidité; mais la cause de ce mouvement est inconnue.

On voit qu'à mesure que l'on descend dans le règne animal l'appareil circulatoire prend des proportions de plus en plus imparfaites.

64.

De l'appareil respiratoire dans les principales classes du règne animal.

La respiration est une fonction dans laquelle le sang, au contact de l'air, absorbe de l'oxygène et exhale de l'acide carbonique. C'est ainsi que le sang veineux, mêlé au chyle, se transforme en sang artériel qui entretient la vie.

Les organes respiratoires varient suivant que les animaux ont une respiration aérienne ou une respiration aquatique.

Dans la respiration aérienne, les organes affectent tantôt

la forme de poumons, tantôt celle de trachées; de là deux sortes de respirations : la respiration pulmonaire et la respiration trachéenne.

Les poumons sont des organes destinés à recevoir l'air atmosphérique. Ce sont des poches divisées en cellules dont les parois sont traversées par des vaisseaux contenant le sang qui doit être soumis au contact de l'air pour en absorber l'oxygène. Les mammifères, les reptiles, les oiseaux, la plupart des araignées, quelques mollusques, sont pourvus de poumons. Ces poumons sont logés, chez les premiers, dans une cavité nommée thorax.

Chez l'homme, les poumons enveloppés par la plèvre, membrane très-mince, sont au nombre de deux. Ils communiquent par un canal commun avec l'air extérieur. Ce canal commence dans l'arrière-bouche par un orifice nommé la glotte, qui s'ouvre dans une sorte de boîte cartilagineuse nommée larynx (organe de la voix). Au larynx succède la trachée-artère, conduit formé par une série d'anneaux cartilagineux, incomplets, recouverts intérieurement d'une membrane muqueuse de même nature que celle de la bouche. La trachée-artère se divise à sa partie inférieure en deux canaux qui vont se ramifier dans les poumons. Ces canaux, nommés bronches, se terminent par les vésicules bronchiques, petits conduits aériens très-fins qui s'épanouissent dans les cellules pulmonaires, et l'air s'y trouve mis en contact avec le sang qui circule sous la membrane très-délicate dont l'intérieur des cellules est tapissé.

Les poumons suivent le mouvement du thorax, qui peut alternativement s'agrandir et se resserrer. Dans l'inspiration, c'est-à-dire quand l'homme dilate sa poitrine, l'air se précipite dans les poumons à travers la bouche, les fosses nasales et la trachée-artère. Le sang veineux, qui est rouge-noir, est alors mis en contact avec l'air atmosphérique, dont il absorbe l'oxygène, pour devenir rouge et sang artériel. Dans l'expiration, c'est-à-dire quand l'homme contracte sa poitrine, les poumons renvoient dans l'atmosphère, sous forme d'acide carbonique, l'excès du carbone qui s'est uni à l'oxygène de l'air dans les profondeurs de l'organisme.

La respiration trachéenne a lieu chez les insectes et chez quelques arachnides au moyen de tubes ramifiés à l'intérieur du corps, qui communiquent avec l'extérieur par des ouvertures nommées stigmates et qui portent dans les organes l'air atmosphérique. Cet appareil respiratoire est connu sous le nom de trachées. Les trachées sont formées de deux membranes entre lesquelles le sang circule. C'est à travers la paroi du tube intérieur que le sang se trouve en contact avec l'air.

Dans la respiration aquatique les organes respiratoires diffèrent suivant que les animaux ont une respiration branchiale ou une respiration cutanée.

Les branchies apportent à leur surface le sang veineux de l'animal. Ce sang se trouve dès lors en contact avec l'air dissous dans l'eau et devient sang artériel.

Les branchies affectent différentes formes: chez les poissons et la plupart des mollusques, elles sont formées par un grand nombre de petites lamelles membraneuses disposées comme les feuillets d'un livre ou les dents d'un peigne; chez plusieurs vers marins, tels que l'arénicole, elles consistent dans des tubercules ou des prolongements foliacés; chez quelques annélides elles sont formées d'une multitude de filaments rameux ressemblant à de petits arbuscules ou à des panaches vasculaires.

La respiration cutanée appartient à la fois aux animaux aériens et aux animaux aquatiques : mais elle n'est dans les premiers qu'un supplément à la respiration pulmonaire, tandis qu'elle est la seule pour certaines classes des seconds, et ce sont les classes inférieures. Ces animaux, plongés dans l'eau, absorbent l'oxygène de l'air et exhalent l'acide carbonique par la surface de leur peau. Il n'y a pas alors d'organe local respiratoire, exemple : les polypes, les infusoires. Enfin, quelquefois cet organe se confond avec celui de la digestion, comme chez les oursins, les méduses, les astéries.

Chez les oiseaux et la plupart des reptiles, le muscle diaphragme, qui ferme intérieurement le thorax et le sépare de l'abdomen, manque plus ou moins complétement. Le thorax ne pouvant par conséquent se dilater, il en résulte que c'est le jeu des côtes qui appelle l'air dans les poumons.

85.

Système nerveux des animaux invertébrés.

Chez les invertébrés, à mesure que l'on descend dans la série, on voit les parties centrales du système nerveux devenir de moins en moins volumineuses; celle qui, par sa position, répond au cerveau, n'est guère plus grosse que les autres renflements des cordons médullaires; la substance nerveuse est moins concentrée dans une région particulière et plus également distribuée entre toutes les parties du corps.

Chez les annelés ou articulés, le système nerveux se compose de deux cordons longitudinaux, présentant de distance en distance des renflements ou ganglions d'où partent de nombreux réseaux se distribuant dans les différentes parties du corps. Il existe généralement une paire de ganglions pour chaque article ou segment dont se compose le corps de l'animal; chez les animaux inférieurs, ils sont, le plus souvent, soudés en un seul. Le plus antérieur ou le premier renflement de cette chaîne nerveuse est situé dans la tête au-dessus de l'œsophage, il fournit les nerfs qui se rendent aux organes des sens; on a vu dans ce renflement l'analogie du cerveau, et en général de l'encéphale des vertébrés, et le nom de ganglions cérébroïdes a pour objet de rappeler cette analogie. Le reste de la chaîne ganglionnaire est placé sous le canal digestif, à la face ventrale du corps, et se relie aux ganglions cérébroïdes par un double cordon nerveux qui entoure l'œsophage.

Chez les mollusques, le système se compose en général

de plusieurs masses ganglionnaires répandues sans symétrie dans les diverses parties du corps et réunies entre elles par des filets de communication. Comme chez les annelés, l'œsophage est entouré d'un collier nerveux plus ou moins serré. Chez quelques mollusques inférieurs (molluscoïdes ou tuniciers), ce collier disparaît et le système nerveux est tout à fait rudimentaire ou même nul.

Dans les rayonnés, le système nerveux se réduit à une extrême simplicité. C'est tantôt un cordon annulaire, d'où partent quelques filets rayonnants, tantôt un simple cordon longitudinal plus ou moins renflé de distance en distance ou fusiforme. Il y a même des animaux de cet ordre qui, comme les éponges, n'ont pas de système nerveux apparent.

Système nerveux des animaux invertébrés.

Système nerveux des animaux invertébrés.	Annelés. . . .	Système nerveux simple, en cordon longitudinal médian, composé d'une paire de ganglions cérébroïdes reliés par un collier œsophagien à une chaîne ganglionnaire ventrale.
	Mollusques .	Système nerveux formé de quelques ganglions dispersés sans symétrie et jamais en cordon longitudinal. Généralement il y a un ganglion dit cerveau, placé au côté céphalique de l'animal, et deux ganglions abdominaux reliés ensemble aussi par un collier œsophagien.
	Zoophytes. .	Le système nerveux n'existe plus qu'à l'état rudimentaire. Il consiste en une série de petits ganglions réunis entre eux sous forme de cercle autour de l'ouverture, généralement unique, de l'intestin.

105.

Les organes de la plante. Les racines, leur structure, leurs modifications et leurs fonctions.

Les végétaux étant des êtres vivants qui peuvent se nourrir et se reproduire, mais qui ne peuvent ni se mouvoir ni sentir, il s'ensuit que leurs organes ne comprennent que ceux de la nutrition et de la reproduction.

Les premiers sont : la racine, la tige, les feuilles et les bourgeons ; les seconds : la fleur, le fruit et la graine.

La racine est cette partie de la plante qui se dirige en sens contraire de la tige et s'enfonce dans la terre pour y puiser les sucs propres à la nutrition. Elle est formée d'une partie principale ou corps qui se ramifie soit en racines secondaires d'un volume assez considérable (on la dit alors rameuse), soit en filaments déliés, nommés *radicelles* ou *chevelu*. Elle est séparée de la tige par le collet. La racine primaire résulte de la simple élongation de l'extrémité inférieure de la radicule ; les racines secondaires prennent naissance dans l'épaisseur du parenchyme cortical de la première.

La racine est pivotante quand son corps, formé d'un seul morceau, est le prolongement de la tige et s'enfonce verticalement dans le sol. Elle est alors ou ramifiée, comme dans le peuplier, le frêne, le chêne ; ou simple, en donnant seulement naissance à de fines ramifications qui forment le chevelu, comme dans la rose trémière, le radis, la carotte, le chou. Ces racines appartiennent principalement aux plantes dicotylédones et aux arbres.

La racine est fibreuse, composée ou fasciculée, quand elle est formée par un grand nombre de racines secondaires qui naissent vers la base de la primaire et s'allongent avec elle en un faisceau dans lequel la primaire ne se distingue que très-peu ou pas du tout des autres, comme dans l'asperge le palmier, l'asphodèle, les graminées, et en général dans les plantes monocotylédones.

Il existe une espèce particulière de racines à laquelle on a donné le nom de racine tubériforme ou tubéreuse. La nature met en réserve dans la racine des dépôts abondants de matière féculente ou farineuse ; ces dépôts forment en divers points des renflements, nommés tubercules, qui changent l'aspect des fibres radicales. Le lis, le dahlia, la pivoine, la filipendule, ont des racines tubéreuses.

Ce nom de tubercules appartient surtout à des amas farineux qu'il faut considérer comme des rameaux épaissis, de véritables plantes souterraines, telles que la pomme de terre, le topinambour. Ces organes portent des bourgeons qui peuvent se développer et donner naissance à des plantes semblables à celles qui les ont produits. Les tubercules des orchis appartiennent peut-être à la racine ; mais ceux des dahlias ne sont, comme nous l'avons dit, que des gonflements de racines fibreuses, nourrissant les bourgeons de la portion persistante de la tige qui les surmonte.

D'autres plantes souterraines et vivaces semblent pousser chaque année une nouvelle tige sur la même souche ; mais il est à remarquer que cette souche comprend la racine et la tige rampant sous terre, et que ce ne sont que des rameaux qui apparaissent à chaque printemps. Exemples : l'iris, l'asperge, le chiendent, la luzerne. La tige souterraine de ces plantes est désignée en botanique par le nom de rhizôme.

Les fibres radicales ne se développent ordinairement que sur la partie souterraine de l'axe d'une plante ; cependant il est des cas où la tige donne naissance à des racines qui tantôt s'étendent jusqu'au sol, où elles s'implantent, tantôt restent libres ou flottantes dans l'air. On leur donne le nom de racines aériennes ou adventives. On les observe dans les lianes, les palmiers, les figuiers, la vanille, certaines orchidées, et quelquefois dans la cuscute, le maïs, le lierre. Les racines adventives se développent de préférence dans les points où il y a amas de sucs et de nourriture et rupture de l'épiderme. Les procédés du marcottage et de la bouture, employés par les jardiniers pour multiplier certains sujets, reposent sur ce fait.

Enfin certaines racines sont nommées racines charnues et racines charnues alimentaires. Celles-ci peuvent être regardées comme des réservoirs de substances nutritives, non-seulement pour les végétaux, mais encore pour les animaux : telles sont les racines du navet, de la carotte, du salsifis. Il en est qui sont employées soit en teinture, comme les racines de la garance, du curcuma ; soit en médecine, comme celles du chiendent, de la rhubarbe.

Les racines sont ou annuelles, ou bisannuelles, ou vivaces. Les premières ne durent que l'espace d'une année ; c'est-à-dire que pendant ce temps la plante se développe, donne des fleurs, de la graine, et meurt. La plupart des fleurs de nos jardins, des plantes potagères, le blé, l'orge, sont de ce nombre. Les secondes appartiennent à des plantes qui ne fleurissent et ne donnent des fruits que la seconde année, comme la carotte, la betterave. Les troisièmes subsistent un nombre indéterminé d'années ; elles portent tantôt des tiges herbacées, qui ne sont qu'annuelles, comme l'asperge, la luzerne ; tantôt des tiges ligneuses, qui vivent autant qu'elles, comme les arbres, les rosiers, la vigne.

Les racines ont pour fonctions de pomper les liquides de la terre ou de tout autre milieu humide où elles se trouvent placées ; elles servent aussi à fixer au sol la plupart des végétaux. Le phénomène de l'absorption s'exerce par la surface de la racine et surtout par ses dernières ramifications, ainsi que par les fibrilles ou radicelles dont elle est généralement recouverte. On a donné le nom de spongioles aux extrémités de ces radicelles, parce qu'on supposait qu'elles se gonflaient comme une petite éponge pour s'imbiber des liquides de la terre, qui remontaient ensuite dans le corps de la racine, dans la tige et les branches. C'était là une erreur. Le tissu épidermique de la radicelle, comme celui de la racine, a ses cellules remplies primitivement de sucs plus denses que l'eau qui les baigne, et c'est par le phénomène physique connu sous le nom d'endosmose que l'eau, avec les sucs nourriciers, passe, surtout par les spongioles, dans l'intérieur de la racine. Une remarque essentielle à faire, c'est que les matières propres à nourrir le végétal doivent être en dissolution et non en suspension dans l'eau.

On voit, par ce que nous venons de dire de la racine, qu'elle est dans son entier l'analogue de la partie du végétal qui se trouve au-dessus du sol. La racine représente la tige, et les radicelles, les feuilles. Nous savons, en effet, que si nous prenons dans des conditions favorables un rameau d'un arbre, un rameau de saule, par exemple, et que si nous le plantons dans la terre, il donnera des racines, tandis que si nous mettons à nu une portion de la racine d'un arbre, cette portion peut donner des feuilles.

Tableau résumé des organes de la plante.

ORGANES DE LA PLANTE.

1° Nutrition	Racine.	Fibreuse.
		Tubériforme.
	Tige.	
	Feuilles.	
2° Reproduction	Fleur.	
	Fruit.	
	Graine.	

117.

Description d'une fleur complète. Du calice, de la corolle et de leurs modifications essentielles.

La fleur complète se compose de quatre séries d'organes essentiels formant quatre groupes concentriques ou verticilles. On les nomme, en allant de la périphérie au centre : le calice, la corolle, les étamines, le pistil ou les pistils.

La fleur complète est nommée fleur hermaphrodite, parce

qu'elle réunit à son centre l'organe mâle ou étamine avec l'organe femelle ou pistil.

Les pièces de chaque verticille alternent avec celles du verticille suivant, qu'elles protégent. Leur nombre est très-variable, mais il est à remarquer que dans les plantes monocotylédones ce nombre est ordinairement trois, ou un multiple de trois, tandis que dans les plantes dicotylédones il est cinq, ou un multiple de cinq.

La fleur est ordinairement soutenue par un pédonculo ou support dont l'extrémité libre est terminée par un renflement nommé réceptacle, sur lequel s'implantent les verticilles.

Le calice, qui enveloppe la fleur extérieurement, est formé de folioles nommées sépales, dont le nombre est variable. Ils sont tantôt soudés ensemble, tantôt bien distincts les uns des autres. Dans le premier cas, le calice est gamosépale ou monosépale; dans le second, il est polysépale ou dialysépale. Des bractées forment parfois autour du calice un second calice plus extérieur, que l'on appelle calicule, comme dans l'œillet commun, la rose trémière et quelques malvacées.

Le calice gamosépale, qui affecte des formes très-variées, entoure la fleur d'une sorte de tube dont le bord supérieur est denté plus ou moins profondément. Il est régulier, comme dans la rose, l'œillet, ou irrégulier, comme dans la violette, la sauge, la capucine, l'aconit, le pélargonium. L'union des parties du calice peut avoir lieu dans une étendue plus ou moins grande; le limbe est la portion supérieure où les sépales se séparent. On donne alors différentes épithètes au limbe pour caractériser ses divisions. L'irrégularité du calice peut porter soit sur le tube, soit sur le limbe, soit sur les sépales qui se prolongent au-dessous de leur point d'intersection et forment, par exemple, une lame plate (violette) ou un éperon (capucine).

La couleur du calice est ordinairement verte. Quelquefois il a des couleurs analogues aux parties les plus intérieures de la plante : ainsi il est rouge dans le fuchsia et le grenadier,

orangé dans la capucine. Le calice est quelquefois aussi non-seulement de la même couleur que la corolle, mais d'une consistance mince et délicate comme elle. Exemple : l'hortensia, le lis, la jacinthe, la tulipe, l'iris... Mais le plus souvent sa consistance est celle des feuilles. On la désigne alors sous le nom de foliacée ou d'herbacée.

La durée du calice est variable : aussi quelques fleurs complètes semblent-elles, au premier abord, incomplètes. Le coquelicot en fleur ne présente qu'une seule enveloppe florale composée de quatre folioles rouges ; cependant il a eu une enveloppe plus extérieure, formée de deux valves concaves, verdoyantes, qui sont tombées au moment de la floraison. Dans des cas analogues, le calice est dit calice caduc.

La corolle est la seconde enveloppe florale. Elle constitue la partie la plus remarquable de la fleur et par ses couleurs et par son développement. Elle est placée au dedans du calice et composée de folioles colorées, minces, nommées pétales. Ses folioles pouvant être séparées ou soudées ensemble, on distingue les corolles en corolles polypétales ou dialypétales et en corolles gamopétales ou monopétales. On distingue dans chaque pétale deux parties : l'onglet et la lame ou limbe. L'onglet est une sorte de languette qui insère le pétale sur le réceptacle général de la fleur ; la lame ou limbe est la partie supérieure plane et diversement figurée.

La corolle gamopétale se compose d'une seule pièce membraneuse, plus ou moins disposée en tube et souvent découpée sur son bord en un nombre de divisions qui rappelle celui des pétales soudés ensemble. Le tube est cette partie de la corolle qui s'insère sur le fond ; le limbe est la partie la plus évasée, qui forme les divisions. Cette corolle est ou régulière ou irrégulière. Elle a reçu différents noms dans les deux cas ; nous nous bornerons à indiquer les principaux.

La corolle gamopétale régulière est :

1° Campanulée, quand son tube qui s'évase graduellement jusqu'au limbe rappelle la forme d'une clochette ; exemple : les campanules, le liseron des champs ;

2° Infundibuliforme, lorsqu'elle est évasée vers la gorge, c'est-à-dire à la ligne de démarcation du tube et du limbe, et qu'elle offre à la base du tube un rétrécissement qui la fait ressembler à un entonnoir; le limbe s'écarte alors au sommet du tube en cône renversé; exemple : le tabac;

3° Rotacée, lorsque son tube très-court est surmonté d'un limbe présentant des divisions ouvertes, comme les jantes d'une roue dont le tube figurerait le moyeu; exemple : le myosotis, la pomme de terre, la bourrache;

4° Urcéolée, quand elle a la forme d'une urne; exemple : la bruyère.

La corolle gamopétale irrégulière est :

1° Bilabiée, quand le tube se termine par deux divisions opposées comme deux lèvres écartées : l'une supérieure, ordinairement formée de deux lobes; l'autre inférieure, de trois. Exemple : le thym, le romarin, la menthe, l'ortie blanche, et toutes les plantes de la famille des sauges;

2° Personnée, quand les deux lèvres dont nous avons parlé se contournent, se rapprochent et ferment le tube corollaire en simulant la bouche d'un animal. Exemple : la gueule-de-loup, la linaire.

Quand la forme d'une corolle monopétale ne peut être comparée à aucune autre forme, on dit qu'elle est anomale.

Les corolles polypétales se divisent aussi en régulières et en irrégulières : ainsi dans la giroflée, l'œillet, la rose églantine, les corolles sont régulières; elles ne le sont pas dans la pensée, la violette, le pois de senteur.

On a désigné par des noms spéciaux certaines corolles polypétales régulières; nous n'indiquerons que les suivantes :

La corolle polypétale régulière est :

1° Rosacée, lorsqu'elle est fixée sur le réceptacle par un onglet que l'on peut même à peine distinguer, et que son limbe s'arrondit en tournant sa concavité vers le centre de la fleur. Les pétales sont alors au nombre de cinq. Exemple : le rosier, le pêcher, le pommier;

2° Cruciforme, quand elle n'a que quatre pétales opposés

deux à deux et disposés en forme de croix. Exemple : le chou, la giroflée, le cochléaria;

3° Caryophyllée, lorsque les pétales, au nombre de cinq, munis d'onglets longs et effilés, s'inclinent sur ce dernier à angle droit. Exemple : l'œillet.

La corolle polypétale irrégulière est papilionacée, quand sur ses cinq pétales il y en a quatre symétriques deux à deux, et un cinquième nommé étendard, se redressant au-dessus des autres. Exemple : le haricot, l'acacia, le faux ébénier.

Les pétales affectent souvent des formes bizarres. Leur limbe se prolonge quelquefois en dehors ou en bas en une sorte d'éperon (violette, linaire); il imite quelquefois un casque (aconit), un capuchon (ancolie), un cornet (hellébore).

La durée de la corolle est plus passagère que celle du calice. Quand elle est monopétale, elle se détache toujours d'une seule pièce. Sa couleur n'est que très-rarement verte, comme dans certains cobæas. Sa consistance est le plus souvent molle et délicate. Le nombre de ses pétales est, en général, égal à celui des divisions du calice avec lesquelles ils alternent. La fleur du marronnier d'Inde et celle de la capucine offrent cependant des exceptions à cette règle : aussi dit-on que dans ce cas la corolle est avortée.

Le calice et la corolle sont les verticilles protecteurs des organes de la reproduction dans les végétaux.

Tableau résumé d'une fleur complète.

CALICE, COROLLE, ÉTAMINES, PISTIL.

Calice. . . .	Gamosépale.		
	Polysépale.		
Corolle . . .	Gamopétale. .	Régulière. . .	Campanulée.
			Infundibuliforme.
			Rotacée.
			Urcéolée.
		Irrégulière. . .	Bilabiée.
			Personnée.
	Polypétale. .	Régulière. . .	Rosacée.
			Cruciforme.
			Caryophyllée.
		Irrégulière. . .	Papilionacée.

140.

Des phénomènes chimiques de la respiration chez les végétaux et les animaux.

Bien qu'ayant le même but chez les animaux et les végétaux, la respiration ne présente pas les mêmes phénomènes chimiques dans les deux classes du règne organique. Chez les animaux, la respiration est une fonction par laquelle le sang veineux, chargé d'acide carbonique et impropre à la nutrition des organes, perd, dans des organes spéciaux, appelés poumons, cet acide carbonique et se charge d'oxygène qu'il utilise ensuite pour la combustion vitale ; chez les végétaux c'est une fonction par laquelle la plante, en contact avec l'air atmosphérique, y puise, à l'aide d'organes spéciaux appelés feuilles, certains éléments qu'elle retient dans son intérieur, et y verse d'autres éléments dont elle se dépouille. La respiration, dans les plantes comme dans les animaux, consistera donc dans le contact de l'air avec le liquide nourricier ; elle fera subir à ce liquide, sang des animaux, sève des végétaux, les modifications qui le rendent propre à servir à la nutrition de l'animal ou du végétal.

On entend par phénomènes chimiques de la respiration, les altérations ou changements chimiques qu'éprouvent le sang ou la sève que la respiration met en présence de l'air atmosphérique dans les poumons ou dans les feuilles.

Lavoisier, qui, le premier, démontra les analogies qui existent entre la combustion du carbone et les phénomènes de la respiration, pensait que la combustion respiratoire avait lieu essentiellement dans les poumons et dans les feuilles. Cette assertion est fausse en partie. En effet, il a été reconnu depuis que la combustion du carbone du sang avait lieu non-seulement dans les poumons ou dans les feuilles et les méats intercellulaires de leur parenchyme, mais encore dans les autres organes de la respiration (artères, veines, vaisseaux capillaires de l'animal, feuilles, rameau, écailles, trachées et fausses trachées du végétal). On reconnut également que dans les poumons et dans les méats de la feuille il se faisait seulement, par endosmose, un échange entre les gaz du sang ou de la séve et ceux de l'air, mis en contact soit dans les cellules pulmonaires, soit dans l'intérieur des méats.

Examinons maintenant ce phénomène en particulier chez les animaux et chez les végétaux.

Chez les animaux, sous l'influence de nerfs du grand sympathique, le diaphragme s'abaisse, les côtes se soulèvent, et la pression étant plus forte à l'extérieur qu'à l'intérieur, l'air pénètre dans le thorax par la trachée et les bronches. C'est alors que le sang, devenu veineux, arrive dans les poumons où il absorbe l'oxygène de l'air pour dégager de l'acide carbonique, de la vapeur d'eau et de petites quantités d'azote. Sur 20,8 parties d'oxygène contenues dans 100 parties d'air, Davy et Gay-Lussac, Brunner et Valentin ont remarqué que le sang veineux, pour se convertir en sang artériel, en absorbe 4,77 parties, tandis qu'il ne rend que 4,26 parties d'acide carbonique. C'est la combustion du carbone du sang dans l'oxygène de l'air qui produit l'acide carbonique que le sang exhale. Cette combustion s'effectue dans tout le corps et surtout dans les vaisseaux capillaires. C'est elle qui est la source de la production de la chaleur animale.

Le mode de respiration que nous venons de décrire convient essentiellement à l'homme. Il a reçu le nom de respiration pulmonaire, parce qu'il s'effectue à l'aide d'organes spéciaux appelés poumons. Les animaux supérieurs, les mammifères, les oiseaux et les batraciens arrivés à l'âge adulte, jouissent de ce mode de respiration. Chez les autres animaux, la respiration ne s'effectue pas à l'aide des mêmes organes : elle est branchiale, trachéenne ou cutanée.

Les animaux qui vivent ordinairement dans l'eau, tels que les poissons, les crustacés, les annélides et la plupart des mollusques ont un autre mode de respiration que les mammifères. Chez eux cette fonction s'effectue à l'aide d'organes spéciaux appelés branchies. La forme des branchies est très-variable. Tantôt, comme chez les poissons et certains mollusques, ce sont des lames membraneuses disposées comme les feuillets d'un livre ou les dents d'un peigne, et adhérentes à une tige commune. Tantôt ce sont des tubes, des filaments ramifiés, ressemblant à de petits *ramuscules* ou à des arbres vasculaires, comme on l'observe chez quelques annélides, chez certains mollusques et chez plusieurs rayonnés ou zoophytes. Les branchies, quelle que soit leur forme, ont pour fonction de respirer l'air dissous dans l'eau Cet air est plus riche en oxygène que l'air atmosphérique. C'est à la surface des branchies que le sang veineux est apporté, et c'est là qu'il subit le contact et l'influence de l'air que l'eau tient en dissolution.

Quant à la respiration trachéenne, elle appartient exclusivement aux insectes et à quelques arachnides. Chez ces animaux, le corps contient une infinité de petits tubes, semblables aux vaisseaux sanguins des vertébrés, qui communiquent avec l'extérieur par des sortes de fentes appelées stigmates; ces tubes portent eux-mêmes le nom de trachées. Ces trachées sont, pour ainsi dire, composées de deux compartiments concentriques. Dans le tube intérieur passe l'air entouré de toutes parts par le sang qui circule dans le compartiment extérieur. De cette manière, la transformation du sang veineux en sang artériel n'offre aucune difficulté.

Enfin, à mesure que l'on descend dans la série des animaux, on voit l'organisation se simplifier de plus en plus et certains organes disparaître complétement. C'est ainsi que chez certains rayonnés (oursins, astéries, méduses) les organes respiratoires se confondent avec les organes digestifs; chez quelques autres, c'est la peau qui fait l'office d'organe respiratoire. Le fluide nourricier, arrivé à la surface de l'enveloppe cutanée, subit directement l'action de l'air et se vivifie sans aucun autre organe. Cette respiration est appelée respiration cutanée.

Cependant il ne faudrait pas croire qu'il n'y ait que les polypes qui jouissent de ce mode de respiration : un grand nombre d'êtres à respiration pulmonaire possèdent également, comme accessoire, la respiration cutanée ; tels sont : l'homme, les mammifères, les oiseaux, les reptiles et les batraciens.

Ce fait, déjà connu depuis longtemps, a été récemment mis en évidence par les expériences de M. Tubini.

Dans les végétaux, la respiration s'effectue de la façon suivante : les feuilles vertes et les parties vertes du végétal, bien portantes, exposées à l'influence de la lumière solaire, absorbent et décomposent l'acide carbonique contenu dans l'air ; le carbone et une certaine quantité d'oxygène se combinent avec les plantes et le reste de l'oxygène est rendu à l'air sous forme de gaz. Pendant la nuit, au contraire, ou lorsque les plantes sont soustraites à la lumière, de même que quand elles commencent à se flétrir en automne, ou enfin quand elles tombent malades et prennent une autre couleur que la couleur verte, les plantes attirent une partie de l'oxygène de l'air et exhalent du gaz acide carbonique, mais en moins grande proportion que la quantité du carbone dont elles s'emparent au jour. Elles retiennent aussi alors une certaine quantité d'oxygène, que les feuilles saines exhalent le lendemain à la lumière solaire. Chez les plantes aquatiques, la respiration se fait aux dépens de l'air et de l'acide carbonique dissous dans l'eau ; elle peut être comparée à la respiration des poissons. Ces plantes, en effet, n'ont pas d'épiderme, partant pas de stomates, et les lacunes dont leur tissu est parsemé, sont des espèces de vessies natatoires propres à diminuer leur densité et à les soutenir dans l'eau. L'air contenu en dissolution dans ce liquide pénètre dans le tissu du végétal et s'y décompose.

118.

Caractères généraux des plantes monocotylédones. Familles les plus importantes. Les graminées.

Les plantes monocotylédones n'ont qu'un seul cotylédon à l'embryon. Ce cotylédon porte sur une de ses faces latérales une rainure où est la gemmule, dont l'allongement forme la tige de la jeune plante. Les feuilles ont des nervures simples, longitudinales, parallèles, sans pétiole articulé; elles sont généralement entières, c'est-à-dire que leur limbe n'a ni contours, ni divisions, ni dentelures. Elles embrassent souvent la tige dans des gaînes qui se flétrissent et meurent sur elle. La tige, presque toujours simple, cylindrique, est composée de vaisseaux fibreux, vasculaires, épars dans une grande masse de tissu cellulaire; quand elle est ligneuse, elle n'a pas de couches concentriques ni d'étui central pour la moelle; elle affecte la forme de stipe, c'est-à-dire qu'elle croît par assises, la pousse de chaque année se superposant à celles des années précédentes, et elle est couronnée par un bouquet de fleurs terminales (palmier). La racine, sans pivot, est fibreuse : elle se complète quelquefois par des racines aériennes. Le périanthe de la fleur est simple, à six sépales disposés sur deux rangs, libres ou soudés, dont trois sont souvent insérés plus intérieurement que les trois autres. Cette fleur a trois ou six étamines et un pistil ordinairement formé de trois ou six carpelles.

Parmi les familles les plus importantes de ce grand embranchement du règne végétal, nous citerons :

La *famille des palmiers*, à tige simple et nue que l'on appelle stipe, à fleurs hermaphrodites ou unisexuées naissant au milieu d'un bouquet de feuilles qui couronne la tige. Calice à six divisions; six étamines, rarement trois; trois carpelles donnant un fruit très-variable : datte, noix de coco. Cette famille comprend le palmier, le dattier, le cocotier, le sagoutier, le chou palmiste.

La *famille des liliacées*, à racine bulbifère ou fibreuse, portant des plantes herbacées, vivaces, rarement des arbustes, à souche généralement bulbeuse. Fleurs hermaphrodites, à calice coloré et pétaloïde, composé de six sépales, dont trois plus externes alternent avec les trois autres. Six étamines entourent un ovaire composé de trois carpelles. Le style, simple ou nul, est terminé par un stigmate coloré et trilobé. Le fruit est une capsule à trois loges polyspermes. Dans la graine se trouve un embryon droit et cylindrique que recouvre un périsperme charnu. Cette famille renferme le lis, la jacinthe, la tulipe, la fritillaire, les aloès, le genre ail.

La *famille des iridées*, dont les plantes sont herbacées, à rhizôme tubéreux ou bulbeux, à feuilles alternes, aplaties ou engaînantes. Les fleurs hermaphrodites sont, avant la floraison, entourées d'une bractée ou spathe membraneuse. Leur calice, qui a l'aspect coloré des pétales, est formé de six divisions. Elles ont trois étamines placées devant les trois divisions extérieures du périanthe, auquel l'ovaire adhère; leurs anthères s'ouvrent en dehors; leur fruit est à trois loges polyspermes; leur graine, à un seul embryon, possède un périsperme épais. Dans cette famille on compte les iris, les glaïeuls, les safrans. Il existe encore les *familles des joncées*, *des orchidées*, *des cypéracées*.

Enfin, citons particulièrement la *famille des graminées*. Les graminées se présentent le plus souvent sous l'apparence herbacée. Elles sont petites dans les latitudes septentrionales et atteignent des tailles colossales sous le ciel des tropiques. Leur tige est un chaume ordinairement à cavité intérieure, extérieurement cylindrique et caractérisé par des renflements ou nœuds pleins qu'on observe de distance en distance à la naissance de chaque feuille. Les feuilles sont alternes, ordinairement distiques et engaînantes, c'est-à-dire qu'elles entourent la tige par une gaîne fendue dans toute sa longueur. Cette gaîne supporte à son sommet, au point où commence le limbe de la feuille, un petit appendice membraneux nommé ligule. Les fleurs, qui sont portées sur un axe commun, sont groupées en épis ou panicules composées d'épillets qui sont alternes et distiques sur la tige, comme les feuilles. Ces fleurs, hermaphrodites, ont leurs parties essentielles enveloppées par deux écailles ou paillettes nommées glumelles (balle du blé). Au centre de la fleur se trouve un pistil à ovaire libre, uniloculaire et uniovule que surmontent, le plus souvent, deux styles en forme de plumets. Autour du pistil on voit ordinairement trois étamines, rarement deux ou six, à filets filiformes, très-flexibles et à anthères bifides à leurs deux extrémités qui pendent hors de la fleur. Les glumelles, le pistil et les étamines sont renfermés dans une enveloppe commune nommée glume. Ce sont deux petites écailles, les plus internes par rapport à l'axe de la fleur. On les distingue en glume ou valve inférieure, glume ou valve supérieure. Ces fleurs sont souvent stériles par avortement. Elles sont quelquefois solitaires, mais le plus souvent groupées deux ou plusieurs sur un pédoncule commun : l'épillet est alors uniflore ou pluriflore. Le fruit des graminées est un cariopse, c'est-à-dire un grain monosperme, indéhiscent, sec, dont le péricarpe est soudé avec la graine. Le périsperme de la graine est épais et farineux.

Cette famille se divise en un grand nombre de tribus. Nous citerons les suivantes.

Les *triticées* comptent les végétaux les plus importants pour nous, tels que le blé ou froment, le seigle, l'orge. Les propriétés du blé et du seigle sont connues pour la panification. L'orge, après sa fermentation, sert à faire de la bière ; elle est aussi employée en médecine.

Les *avénées* ont l'avoine pour principale espèce. Sa farine sert à préparer l'eau-de-vie appelée wiskey.

Les *orizées* renferment le genre riz, dont la farine produit par sa fermentation l'alcool d'arack.

Les *olyrées* ont pour genre le plus important le maïs.

Les *phalaridées* comprennent la plus grande partie des herbes de nos prés. On y trouve la flouve, si odorante au moment de la floraison, les vulpins, les chiendents, les fléoles, les phalaris, qui entrent tous dans la composition de nos foins.

Les *agrostidées* renferment le sorgho, les millets.

Les *arundinées* comprennent les roseaux.

Les *andropogonées* nous donnent surtout la canne à sucre, qui sert à faire le sucre, le rhum et le tafia.

On peut juger par l'énumération précédente de l'importance de la famille qui nous occupe. Répandue sur tout le globe, elle ne renferme qu'une seule graminée vénéneuse (l'ivraie); encore il n'y a qu'une seule espèce d'ivraie qui soit nuisible. Les divers principes nutritifs de cette famille la rendent propre à la nourriture de certains animaux et en font la base des pâturages et des fourrages. La farine que l'on retire des céréales est doublement nourrissante et par la fécule et par le gluten ; celui-ci est un principe azoté que renferme le périsperme. Le son résulte des débris du péricarpe de la graine; il contient quelques particules amylacées auxquelles il doit ses propriétés. Le sucre en dissolution se trouve dans la séve de beaucoup de graminées, et surtout dans la canne, dont on l'extrait avec plus d'avantage. La fermentation du sucre des graminées produit, ainsi que nous l'avons dit, des boissons alcooliques. Enfin leur tige solidifiée par la silice, pour laquelle les graminées ont une grande affinité, donne à certaines pailles une rigidité et une incorruptibilité que l'on sait utiliser.

(*Voir le tableau ci-contre.*)

Tableau résumé des plantes monocotylédones.

Principales familles.

Palmiers, Liliacées, Iridées, Joncées, Orchidées, Cypéracées, Graminées.

Famille des Graminées.

		Principales tribus :	
Graminées.	Chaume ; feuilles alternes et distiques, engaînantes ; fleurs hermaphrodites : glume, glumelle, pistil à ovaire libre, trois étamines, stigmates poilus, fruit cariopse.	1° les Triticées	Blé, Seigle, Orge, Ivraie.
		2° les Avénées	Avoine.
		3° les Orizées	Riz.
		4° les Olyrées	Maïs.
		5° les Phalaridées	Flouve, Vulpin, Chiendent, Fléole. Phalaris.
		6° les Agrostidées	Sorgho, Millet.
		7° les Arundinées	Roseaux.
		8° les Andropogonées	Canne à sucre.

162.

Du terrain houiller ; de ses principaux fossiles et de ses débris organiques.

Le terrain houiller ou carbonifère, qui renferme les houilles proprement dites, est situé au-dessous des terrains secondaires ou de sédiments moyens et au-dessus des couches de sédiments anciens ; c'est par conséquent le dernier des terrains primaires ou de transition. Il se compose principalement d'une assise considérable de grès formée par des grains de quartz et de feldspath accumulés entre eux et réunis par un ciment argileux, rarement calcarifère, mais plus ou moins micacé, dont la couleur variable est ordinairement grise ou jaune. Dans ces grès, qui renferment des couches quelquefois fort épaisses d'argile schisteuse et de schistes bitumineux, sont disséminées les houilles, qui se trouvent soit dans les parties grossières, soit dans les parties schisteuses, mais toujours séparées des grès par des lits d'argile : ceux-ci, d'abord à peu près purs à la partie inférieure, sont ensuite mélangés avec le combustible et se retrouvent encore à peu près purs à la partie supérieure. La surface du terrain houiller est souvent recouverte par des couches de schistes bitumineux. On peut donc dire, sans y attacher une précision mathématique, qu'en fouillant le terrain houiller on rencontre d'abord les schistes bitumineux, puis les argiles schisteuses et enfin le terrain carbonifère. On a donné le nom de minerai de fer des houillères à des rognons de carbonate de fer qui se trouvent dans les grès et les argiles schisteuses.

Les grès, qui constituent toujours la partie principale du dépôt, ne reposent pas essentiellement sur le calcaire carbonifère. Ils se trouvent aussi dans de vastes dépressions du sol anciennement envahies par les marécages. Dans le premier cas on rencontre la houille, comme dans les houillères du Nord, sous la forme d'immenses et larges zones;

dans le second, on la trouve dans des bassins isolés les uns des autres, comme dans les houillères du centre de la France, où elles sont de formation lacustre ou d'eau douce.

Le terrain houillier en France n'est que $\frac{1}{200}$ environ de la superficie du sol, dans lequel il se trouve un peu disséminé, mais surtout concentré autour du plateau central qui renferme le Morvand, le Bourbonnais, l'Auvergne et le Limousin. En consultant une carte du terrain houiller en France, on voit que la partie la plus riche en houille forme une espèce d'ellipse, dont les sommets du grand axe seraient l'un au nord près d'Avallon, l'autre au sud près de Montpellier, et dont les sommets du petit axe seraient situés l'un à l'est près de Saint-Étienne et l'autre à l'ouest près de Brives. C'est dans cette circonscription que se trouvent les riches dépôts de Saint-Étienne, de Rive-de-Gier, d'Alais....

En Angleterre les mines de houille forment $\frac{1}{20}$ de la superficie du sol, et en Belgique $\frac{1}{24}$.

Les dépôts houillers, comme les tourbières, ont été formés au sein de la terre par l'accumulation de végétaux qui ont été lentement altérés et carbonisés au fond de l'eau. Les débris de plantes que l'on y découvre à l'aide du microscope, les tiges, les troncs d'arbres que l'on rencontre disséminés dans les grès, les empreintes des feuilles que l'on trouve dans les schistes et les argiles ne permettent aucun doute à cet égard.

Pour expliquer l'immense accumulation de ces végétaux, soit en zones, soit en dépôts de formes quelconques, il faut se reporter aux faits principaux qui ont constitué les tourbières, produites par la croissance et l'accumulation sur place de petits végétaux, vivant sur un sol couvert d'eau d'une couche trop peu profonde, pour que la plante puisse allonger ses ramifications vers la surface de cette eau et y recevoir l'influence de la lumière et de l'air, c'est-à-dire pour qu'elle puisse croître sur place et mourir après avoir pris tout son développement. Ces amas une fois formés finissaient par s'enfoncer graduellement et par constituer les dépôts. Cette hypothèse, qui assimile les dépôts de houille aux tourbières, est irréfutable pour les bassins séparés les uns des autres, encaissés par des roches antérieures, indiquant ainsi l'existence ancienne de marécages et de flaques d'eau. Quant aux vastes couches de combustible situées dans les départements du nord, dans la Belgique, l'Angleterre et l'Écosse, elles paraissent avoir été formées dans une vaste mer qui, d'abord comblée par des calcaires, devint plus tard une sorte de marécage où des plantes marines se développèrent et où se rendirent les débris de l'immense végétation établie sur ses bords et dans ses îles. L'ensemble des faits et la superposition immédiate de ces dépôts sur les calcaires marins donne à cette hypothèse un très-grand degré de certitude. Ces dépôts formaient ainsi autrefois un seul tout. Ils sont aujourd'hui séparés par des mers. De plus, les couches de houille, déposées d'abord horizontalement, ont subi plus tard de violentes dislocations ; elles ont été soulevées, brisées, et se présentent souvent dans une direction plus ou moins oblique au sol et contournées sur elles-mêmes.

Le calcaire carbonifère, les grès et les schistes du terrain houiller renferment un grand nombre de débris fossiles. Dans le calcaire on trouve des fragments de polypiers, de coquilles fossiles, et, comme dans les environs d'Édimbourg, des débris d'énormes poissons sauroïdes. Nous citerons, parmi les coquilles, le spiriger glaber, le goniatites evolutus, le bellerophon cortatus. Remarquons ici que ces coquilles appartiennent plutôt au terrain sur lequel les houilles se sont formées qu'à ces houilles elles-mêmes, qui ne renferment pas de coquilles marines, les exceptions produites pouvant être discutées.

Les schistes de Sarrebruck, d'Autun, les rognons de carbonate de fer de Saint-Étienne, renferment des poissons fossiles appartenant au genre voisin de l'esturgeon. Ces poissons vivaient probablement dans les ruisseaux qui serpentaient au fond des terrains anciens où se déposaient les grès et le combustible.

Les débris organiques disséminés dans les grès et les empreintes laissées dans les schistes et les argiles sont des débris de feuilles et de tiges de gigantesques cryptogames appartenant à différentes plantes entièrement perdues aujourd'hui et se rapprochant des fougères, des prêles, de la famille des cycadées et de celle des conifères. C'est cette dernière espèce de plantes qui paraît avoir joué le plus grand rôle dans la formation de la houille.

166.

Du terrain parisien et de ses corps organisés fossiles.

Le terrain tertiaire inférieur ou terrain parisien est formé par des dépôts de sable, d'argile et de calcaire plus ou moins sableux. Le calcaire est très-développé aux environs de Paris ; les argiles dominent aux environs de Londres, et les sables autour de Bruxelles. Ces matières, comme les parties variables d'un même tout, sont plutôt accolées les unes aux autres que superposées.

L'argile plastique, dépôt fluvio-marin qui repose sur la craie, est la partie la plus inférieure du terrain parisien. La craie est ordinairement séparée des argiles par une couche de sable, au-dessus de laquelle se trouvent les calcaires sableux, puis les calcaires grossiers, dont les couches sont souvent interrompues par des couches de marnes gypseuses.

L'argile plastique est blanche et pure aux environs de Montereau : elle sert alors à faire des poteries fines ; ailleurs elle est impure, colorée en gris ou en rouge, et sert à faire des poteries communes. Les calcaires grossiers sont des dépôts marins dont on extrait la pierre à bâtir ou pierre de taille. Cette pierre est appelée aussi calcaire à cérithes, à cause du grand nombre de coquilles du genre cérithe qu'elle renferme.

Le calcaire siliceux, qui tantôt s'adosse, autour de Paris, au calcaire grossier, tantôt repose comme lui sur l'argile, est d''origine lacustre ou fluviatile. Il renferme une grande quantité de silice, qui quelquefois forme des amas plus ou moins volumineux, sans coquilles, comme dans la Beauce : Il sert alors à la confection des meules de moulin. Il est quelquefois recouvert, ainsi qu'à Saint-Ouen, par des dépôts de gypse parisien, qui quelquefois aussi lui sert de support. C'est de ce gypse que l'on retire la pierre à plâtre. La butte Montmartre en est presque entièrement formée.

A Fontainebleau et à Orsay, on trouve au-dessus du gypse des dépôts de sable, qui se présentent souvent en grandes masses de grès purs. C'est des dépôts de ce genre, qui appartiennent aussi au bassin de Paris, que l'on extrait les pavés.

On rencontre des corps organisés fossiles, animaux et végétaux, dans le terrain parisien.

L'argile renferme des paludines ou coquilles d'eau douce, des lignites (lignites du Soissonnais), de nombreux conifères, des palmiers et quelques plantes dicotylédones, plus ou moins analogues aux genres qui vivent de nos jours. Les calcaires renferment des foraminifères, coquilles marines ne dépassant guère 2 ou 3 millimètres, des infusoires, qui ne sont visibles qu'à l'aide d'un puissant microscope, des cérithes, des turritelles, etc. De ces coquilles, les unes ont une très-grande analogie avec celles que nous connaissons, les autres leur sont identiques. C'est dans la couche de gypse, c'est-à-dire dans la pierre à plâtre, qu'on a trouvé les nombreux débris des mammifères fossiles reconstruits par Cuvier : tels sont entre autres les anaplothérium et les paléothérium, pachydermes se rapprochant, par leur conformation, du rhinocéros et du tapir, mais dont la taille variait de celle du cheval à celle du cochon d'Inde. A côté de ces débris on a rencontré des portions de squelettes de sauriens, de chéloniens, des squelettes entiers de poissons d'eau douce et de mer, dont les espèces sont aujourd'hui perdues.

www.ingramcontent.com/pod-product-compliance
Ingram Content Group UK Ltd.
Pitfield, Milton Keynes, MK11 3LW, UK
UKHW020334230726
13925UKWH00002B/792

9 782013 551700